ATLAS DE LOS
ANIMALES PELIGROSOS

LAS BESTIAS MÁS TEMIDAS

PAULA HAMMOND

LIBSA

Contenido

© 2010, Editorial LIBSA
C/ San Rafael, 4
28108 Alcobendas. Madrid
Tel. (34) 91 657 25 80
Fax (34) 91 657 25 83
e-mail: libsa@libsa.es
www.libsa.es

ISBN: 978-84-662-2107-8

Derechos exclusivos de edición para todos
los países de habla española.

Traducción: M.ª Jesús Sevillano Ureta

© MMIV, Amber Books Ltd.

Titulo original: *The atlas of dangerous animals*

Créditos diseño: International Masters
Publishers Ltd.

Créditos de las ilustraciones:
Corbis: 10, 15, 26, 117, 185
NHPA: 19, 72
Natural Science Photo: 23 (Carlo Dani &
Ingrid Jeske), 34 (P.H. & S.L. Ward), 39 (D.
Allen Photography), 42 (Jim Merli), 49 (P.H.
& S.L. Ward), 56 (Steve Downer), 60 (Carlo
Dani & Ingrid Jeske), 69 (J. Hobday), 78 (C.
Banks), 82 (C. Mattison), 86 (Carlo Dani &
Ingrid Jeske), 90 (Beth Davidow), 95 (Carlo
Dani & Ingrid Jeske), 102 (D.Yendall), 112
(Jim Merli), 121 (Ken Cole),132 (Hal Beral),
139 (Jim Merli), 146 (Brian Gibbs), 150
(Mary Clay), 154 (Carlo Dani & Ingrid
Jeske), 158 (Pete Oxford), 164 (Paul
Hobson), 168 (Richard Revels), 173 (R.P.B.
Erasmus), 177 (Richard Revels), 180 (G.
Kinns), 194 (Ken Hoppen), 199 (Ken
Hoppen), 202 (Bob Cranston), 206 (Kjell
Sandved), 214 (C. Banks), 219 (Hal Beral)

PAULA HAMMOND es autora, redactora y
editora con una larga experiencia y se ha
especializado en libros de referencia y no
ficción. Durante su larga carrera, ha trabajado
en varios volúmenes sobre ecología y el
mundo natural, entre los que destacan *Our
World*, *Nature in Danger* y *Green kingdoms*.

Introducción

Lagarto
de collar

Araña lobo

Cocodrilo
del Nilo

Quebrantahuesos

Rana flecha roja y azul

Jaguar

Para los seres humanos, los animales más peligrosos son aquellos con los que más riesgo corren, es decir, los que matan personas. Por ejemplo, tiburones, grandes felinos, osos y serpientes. Todos los continentes poseen su propio candidato para este espantoso «Pasillo de la Fama». Desde la cobra real asiática hasta el oso pardo de América del Norte, estos temibles predadores matan y mutilan a cientos de miles de personas todos los años. Sin embargo, no todos los asesinos son carnívoros. Los hipopótamos apartados de la manada o los elefantes en estampida son igual de peligrosos y, en muchos casos, responsables de más muertes humanas que los asesinos por naturaleza. No obstante, a escala mundial, los tigres y los hipopótamos enfurecidos son meros principiantes. Cada año causan más muertes humanas algunos insectos, como la langosta, que devasta cosechas y causa hambruna a gran escala.

Para una gacela de Thomson, el animal más peligroso es sin duda el guepardo, que tiene en su lista de comidas favoritas a este ágil miembro de la familia de los antílopes. Para la serpiente, probablemente es la mangosta, ese pequeño mamífero veloz y tenaz que está especializado en alimentarse de uno de los más temibles asesinos de la naturaleza. Para miembros de la familia de los insectos, la araña lobo resulta tan mortal como el propio lobo. Que un animal resulte peligroso dependerá del punto de vista de cada uno. Por eso el poeta inglés Alfred Tennyson (1809-1892) decía que la naturaleza tiene «dientes rojos y garras» y en el reino animal los verdaderamente peligrosos son aquellos que desean tenerte de menú.

Conviene recordar que cuando en el texto se mencionan meses y estaciones, evidentemente se refiere al animal en estado salvaje y en su hábitat, no a aquellos que han sido trasladados a un zoo en un hemisferio, latitud y continente diferentes de los suyos de origen.

En este volumen intentamos explorar el mundo de los animales peligrosos teniendo en cuenta todas estas perspectivas para ofrecerte una nueva visión de los asesinos de hombres, predadores, grandes cazadores y aquellos herbívoros que no son tan mansos como parecen.

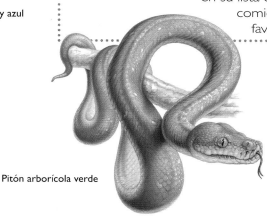

Pitón arborícola verde

Tiburón blanco

EUROPA

Cordillera del Atlas

MAR MEDITERRÁNEO

Desierto
de Libia

Río Nilo

Desierto
de Nubia

S a h a r a

ÁFRICA

Cuenca
del
Congo

Valle del Rift

Lago
Victoria

Lago
Tanganica

Lago
Nyasa

MADAGASCAR

Desierto del
Kalahari

Desierto de Namibia

OCÉANO
ATLÁNTICO SUR   Cabo de Buena Esperanza

MAR
ARÁBIGO

África

OCÉANO
ÍNDICO

África es un continente de contrastes. Desde selvas tropicales verdes y exuberantes hasta inhóspitos desiertos de arena; en ningún lugar de la Tierra se puede encontrar tal asombrosa variedad y belleza natural.

De todos los continentes del mundo, África ocupa el segundo lugar en extensión: 300.330.000 km². Sin embargo, si observáramos esta inmensa masa de tierra desde el espacio, lo primero que advertiríamos sería que, en su mayor parte, comprende una enorme y amplia meseta. Al norte se encuentra el gran desierto del Sahara, que cubre una extensión mayor que la de todo Estados Unidos. A orillas de este vasto océano de arena, el desierto se funde lentamente con las praderas formando franjas de sabana dorada quemada por el Sol. Serpenteando a lo largo de casi todo el continente se encuentra el grandioso Nilo, el río más largo del mundo, que lleva agua y vida al interior reseco. En

África Central están las selvas más grandes del continente, una sorprendente alfombra verde enclavada en la enorme cuenca del Congo. Hacia la costa la imagen se completa con estrechas franjas de bullicioso y habitado litoral.

Esta variedad de hábitats ha hecho de África el hogar de los animales más conocidos y espectaculares del mundo (además de algunos bastante sorprendentes). En la costa de Sudáfrica, por ejemplo, podemos encontrar pingüinos que parecen hallarse mucho más cómodos disfrutando en playas llenas de turistas que en el Antártico helado. Pero es en las densas junglas, en las marismas llenas de vapor y en las llanuras onduladas donde encontramos a los habitantes más conocidos y peligrosos de África y donde, cada día, el cazador y el perseguido escenifican su mortífero juego de supervivencia.

Chimpancé

De todos los grandes simios el chimpancé es el animal que más se parece al ser humano y, por lo tanto, el que más nos fascina. Al igual que nosotros, el chimpancé es capaz de ser muy tierno y considerado con otros miembros de su grupo, pero también puede ser predador, agresivo y extremadamente violento.

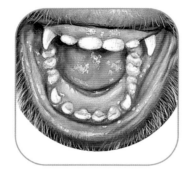

Dientes

Como el chimpancé posee una dieta variada, sus dientes, al igual que los nuestros, se han desarrollado para adaptarse a una gama de productos comestibles muy amplia.

Pies

Los pies del chimpancé tienen dedos largos y hábiles, muy parecidos a unas manos «de repuesto». Los puede utilizar para agarrar diversos objetos, como ramas de árboles. Resultan esenciales para su supervivencia.

Manos

El secreto del éxito del chimpancé es su pulgar, oponible a los otros dedos. Como los humanos, los chimpancés pueden utilizar el pulgar y los demás dedos para manipular objetos con habilidad.

Características	ORDEN: *Primates* / FAMILIA: *Pongidae* GÉNERO Y ESPECIE: *Pan troglodytes*
PESO	27-68 kg
LONGITUD	71-91 cm
MADUREZ SEXUAL	A los 7 años, pero no cría hasta los 12-15 años
ÉPOCA DE APAREAMIENTO	Todo el año
PERIODO DE GESTACIÓN	230 días
NÚMERO DE CRÍAS	1
INTERVALO ENTRE NACIMIENTOS	3 años, a menudo más tiempo
DIETA	Fruta, hojas, bayas, nueces, insectos y, de vez en cuando, mamíferos y aves
ESPERANZA DE VIDA	Hasta 60 años

Chimpancés, gibones, gorilas y orangutanes son simios antropoides de la familia *Pongidae*. Esto significa que comparten muchas características con los humanos, pero se distinguen de otros primates en que no tienen cola, caminan erguidos y poseen un cerebro muy desarrollado. De este grupo, el de los chimpancés es el más complejo y el que posee mayor destreza.

VIDA EN LA SELVA

Los chimpancés se localizan en una franja de África, desde la cuenca del Níger hasta Angola. Habitan en su mayoría en los bosques tropicales donde están perfectamente adaptados a vivir en las copas de los árboles. Al ser simios, no monos, no tienen cola; a falta de ella utilizan sus fuertes y hábiles manos y sus pies prensiles para trepar por los árboles. Por la noche los chimpancés se sirven de esta destreza natural para hacer grandes nidos de ramas y follaje donde poder dormir relativamente a salvo de los predadores. Durante el día pasan la mayor parte de su tiempo en el suelo buscando comida. Un chimpancé macho adulto tiene un gran apetito y puede consumir 50 plátanos de una sentada. No resulta extraño que pasen siete horas al día buscando alimento. Mientras están en el suelo, los chimpancés suelen correr a cuatro patas, pero pueden caminar erguidos si es necesario (por ejemplo, para atisbar por encima de la hierba alta en busca de algún peligro). Un macho enfurecido también se alzará para demostrar su dominio ante el resto del grupo. Cuando chilla, agita ramas y enseña los dientes, un chimpancé enfadado puede ser una visión aterradora.

MADRES BUENAS, MADRES MALAS

Al igual que los humanos, por naturaleza los chimpancés viven en grupos sociales diversos. Algunos subsisten en grandes grupos formados hasta por 40 machos, hembras y crías; otros viven en grupos de machos únicamente, mientras que unos cuantos son solitarios y llevan una existencia

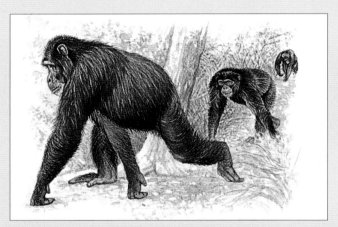

Cuando el grupo busca comida, los chimpancés avanzan en una única fila y a cuatro patas.

El grupo encuentra un árbol lleno de nueces. Dos de ellos trepan por él para agitar las ramas y desprender las nueces.

Abajo en el suelo los demás chimpancés recogen las nueces que han caído del árbol.

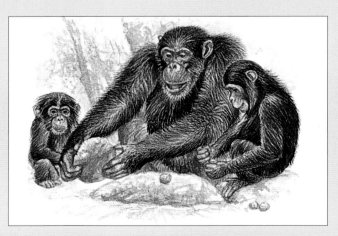

Dos jóvenes chimpancés observan sentados y aprenden del adulto, que utiliza una piedra para abrir las nueces.

apartada en el bosque. Los únicos miembros constantes del grupo suelen ser las madres y las crías. Las hembras adultas (son consideradas así a partir de los 12 años) se aparean unos determinados meses del año y tienen una única cría, que crecerá formando parte del grupo.

De un modo poco habitual en el reino animal, las madres chimpancé no siempre lo son de forma innata. Parece una característica muy humana, pero da la impresión de que algunas madres inexpertas se sienten desconcertadas frente a la tarea de cuidar bien a sus hijos. Otras pueden consentirlos y mimarlos hasta tal punto que no resulta extraño encontrar a chimpancés de siete años a los que su madre adora y sigue alimentando.

RIVALES PELIGROSOS

Cuanto más sabemos sobre los chimpancés, más nos sorprenden. En la década de 1950, la opinión general aceptada era que se trataba de tiernos vegetarianos. Los zoólogos saben ahora que su conducta es mucho más compleja. Por ejemplo, la dieta de un chimpancé se compone principalmente de fruta o insectos, pero también cazan animales, entre ellos monos y otros simios, para conseguir carne. Estas cacerías están planeadas con una precisión que podría definirse como militar: un chimpancé desvía al enemigo de su camino mientras que otros tres le tienden una emboscada.

La carne es una valiosa fuente de proteínas y muchos animales supuestamente vegetarianos suelen utilizarla como complemento a su dieta. Sin embargo, algunos chimpancés lo hacen por gusto: prefieren el sabor de la carne. E incluso se sabe que los chimpancés declaran la guerra a sus vecinos en una asombrosa demostración de agresión típica de los humanos.

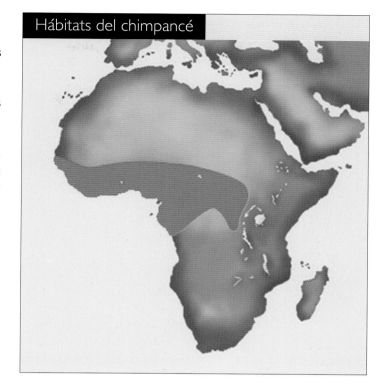

Hábitats del chimpancé

Con frecuencia, cuando ocurren estos conflictos, los machos matan y se comen a las crías de otros grupos, presumiblemente en un intento de reducir el número de sus rivales. En Uganda los chimpancés han empezado a atacar a niños por este mismo motivo. Dado que la población humana está invadiendo cada vez más los hábitats naturales de los chimpancés, parece que estos han empezado a reconocer el hecho de que somos nosotros (más que otros grupos de chimpancés) los rivales que más peligro ofrecemos para su comida y su territorio.

Comparaciones

Aunque los gorilas son parientes cercanos de los chimpancés, son más grandes y mucho más poderosos. Un gorila macho adulto (llamado espalda plateada por el color gris canoso de su pelo) pesa de media cuatro veces más que un chimpancé.

Chimpancé

Gorila

Cocodrilo del Nilo

El cocodrilo del Nilo es el predador de agua dulce más aterrador del mundo. De apetito insaciable, estos asesinos de coraza plateada atacarán cualquier cosa que se acerque a la orilla y utilizarán sus enormes mandíbulas para aplastar huesos y arrancar trozos de carne. Como no pueden masticar, se sirven de su gran volumen para ahogar a animales grandes y, después, almacenan sus cuerpos en despensas debajo del agua hasta que se descomponen.

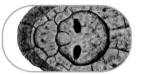 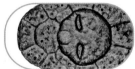

Fosas nasales

Como las fosas nasales se encuentran en la parte superior de la cabeza, el cocodrilo del Nilo puede permanecer sumergido en el agua casi por completo y seguir respirando. Unas cubiertas expresamente adaptadas sellan las fosas nasales cuando se sumerge.

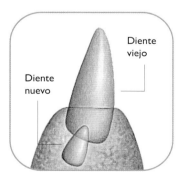

Diente viejo

Diente nuevo

Dientes

Los dientes de un cocodrilo crecen continuamente. Los desgastados y viejos son sustituidos cuando los nuevos los empujan desde abajo.

Características

ORDEN: *Crocodylia* / **FAMILIA:** *Crocodylidae*
GÉNERO Y ESPECIE: *Crocodylus niloticus*

PESO	Hasta 990 kg
LONGITUD	Hasta 6 m
MADUREZ SEXUAL	Entre los 7 y los 15 años
ÉPOCA DE CRÍA	Varía con la latitud, pero coincide con la estación seca
NÚMERO DE HUEVOS	25-100
PERIODO DE INCUBACIÓN	95-100 días
INTERVALO ENTRE NACIMIENTOS	Probablemente anual
DIETA	Mamíferos como cebras, ganado vacuno y ñus; otros reptiles (incluyendo otros cocodrilos), peces, aves, carroña; las crías comen ranas e insectos
ESPERANZA DE VIDA	70-100 años

Estos poderosos reptiles de color gris verdoso crecen hasta 6,2 m y, desde hace mucho tiempo, tienen fama bien merecida de ser devoradores de hombres. Eran tan temidos en el Antiguo Egipto que la gente los adoraba en forma del dios cocodrilo Sobek.

ANTIGUOS Y MORTALES

Los cocodrilos son reptiles, lo que significa que son de sangre fría. A diferencia de los mamíferos, cuya sangre se calienta en el interior del cuerpo quemando alimento para conseguir energía, la sangre de un reptil está a la misma temperatura que su entorno. Por tanto, para mantenerse vivos necesitan conservar el calor y evitar el frío extremo. A los cocodrilos del Nilo se les suele ver tumbados al Sol en las orillas de los ríos para mantenerse calientes. Cuando no se han calentado lo suficiente, son lentos e inactivos. Sin embargo, la naturaleza les ha proporcionado otras ventajas para compensar. Al tener los ojos y las fosas nasales en la parte superior de la cabeza, pueden permanecer sumergidos en el agua casi por completo, sin ser advertidos, hasta que se acerca una presa. Su garganta posee una válvula en forma de hendidura que se cierra cuando están debajo del agua, así que pueden comer y respirar sin ahogarse. Tienen una vista fantástica, con pupilas verticales que se dilatan en la oscuridad para ayudarles a cazar por la noche. También tienen un párpado semitransparente, llamado membrana nictitante, que se desliza sobre el ojo para protegerlo del agua. Estas adaptaciones los convierten en unos cazadores muy eficaces.

PADRES AFECTUOSOS

Los cocodrilos del Nilo pueden ser asesinos terribles, pero también son unos padres entregados. Como la mayoría de

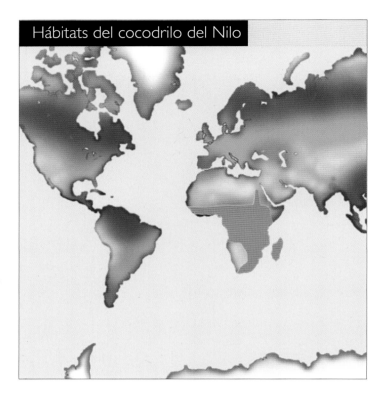

Hábitats del cocodrilo del Nilo

los reptiles, los cocodrilos ponen huevos. Se parecen un poco a los de las gallinas, pero tienen una cáscara de piel dura. La hembra pone hasta 90 huevos durante la estación seca. Los entierra en arena o barro y los vigila de cerca hasta que llegan las lluvias y están preparados para eclosionar. Cuando esto sucede, las crías llaman a sus padres por medio de una serie de breves gruñidos.

De forma poco habitual en el reino animal, ambos progenitores participan de forma activa en la cría de sus

Comparaciones

Los aligátores (o caimanes) americanos están muy relacionados con los cocodrilos del Nilo. Disfrutan de hábitats parecidos, ambos son hábiles cazadores y crecen hasta alcanzar un tamaño considerable. En realidad, fuera de su entorno natural resulta bastante difícil

diferenciarlos. El secreto se encuentra en la boca. Cuando un cocodrilo cierra la boca, el cuarto diente de la mandíbula inferior queda a la vista. En un aligátor este diente queda oculto. La cabeza del aligátor también es más corta, más redondeada y roma.

Cocodrilo del Nilo

Aligátor americano

pequeños; cuando llega el momento, bien el macho o la hembra se encargan de la tarea de cavar y enterrar los huevos. Con ayuda de su boca pueden romper la cáscara para llevar a sus crías a la orilla. En esta etapa los jóvenes cocodrilos miden solo 30 cm de longitud. Un cocodrilo del Nilo adulto tiene pocos enemigos naturales; sin embargo, en estos primeros meses son muy vulnerables y, con frecuencia, caen presa de lagartos varanos, tortugas y peces siluros. No obstante, en unos cuantos años cambiarán las tornas y serán los lagartos y los siluros los que les sirvan de menú a ellos.

VECINOS PELIGROSOS

Los cocodrilos del Nilo tienen una piel gruesa escamosa e impermeable destinada a evitar la deshidratación y la pérdida de sales del cuerpo. Esta piel no tiene osteodermos (placa ósea), lo que significa que es ideal para la fabricación textil. De hecho, los humanos han utilizado la piel de cocodrilo durante siglos para fabricar artículos resistentes y duraderos, como botas. Hoy en día la mayor parte de la piel que se emplea en la industria de la moda procede de granjas de cocodrilos. Por otro lado, muchos países africanos han firmado acuerdos internacionales para limitar la cantidad de cocodrilos que pueden matar al año. Esto es bueno para los cocodrilos, por supuesto, pero no siempre resulta beneficioso para la población humana. Por ejemplo, desde que Malawi firmó el Convenio CITES (Comercio Internacional de Especies en Peligro de Extinción) ha aumentado considerablemente el número de seres humanos asesinados por los cocodrilos (al menos dos al día en algunas zonas). Existen tantos cocodrilos del Nilo en algunos ríos que la población pasa hambre, por lo que algunos se han visto impulsados a comerse a las mismas personas que están intentando protegerlos.

Aproximarse en silencio resulta vital si el cocodrilo quiere acercarse lo suficiente para atacar a la víctima que ha escogido.

A una velocidad increíble el cocodrilo sale del agua de repente. Con sus poderosas mandíbulas agarra la pata de su presa sobresaltada.

Incapaz de escapar, la presa es arrastrada hacia el agua y el cocodrilo se prepara para ahogarla de una forma extremadamente veloz.

Aunque el cocodrilo dispone de un fuerte mordisco, es incapaz de masticar. Revolcándose en el agua no solo es capaz de ahogar a la cebra, sino también de desgarrar la carne del animal muerto.

Elefante africano

Desde hace 1.600.000 años, el elefante africano ha ido evolucionando hasta convertirse en el mamífero terrestre más grande del mundo. Cuando se les provoca, estos gigantes de aspecto dócil pueden cargar a una velocidad de hasta 40 km/h en una espantosa e imparable estampida que deja una estela de muerte y destrucción a su paso.

Características	ORDEN: *Proboscidea* FAMILIA: *Elephantidae* GÉNERO Y ESPECIE: *Loxodonta africana*	
PESO	Macho hasta 6.000 kg	
LONGITUD	Macho hasta 4 m, desde la cabeza hasta los cuartos traseros; las hembras hasta 3,3 m	
ALTURA DESDE LOS HOMBROS	Macho hasta 3,27 m	
MADUREZ SEXUAL	A los 10 años aproximadamente	
ÉPOCA DE CRÍA	Todo el año	
PERIODO DE GESTACIÓN	22 meses	
NÚMERO DE CRÍAS	1	
INTERVALO ENTRE NACIMIENTOS	3-4 años	
DIETA	Hierba, follaje, arbustos, fruta, flores, raíces	
ESPERANZA DE VIDA	50-60 años	

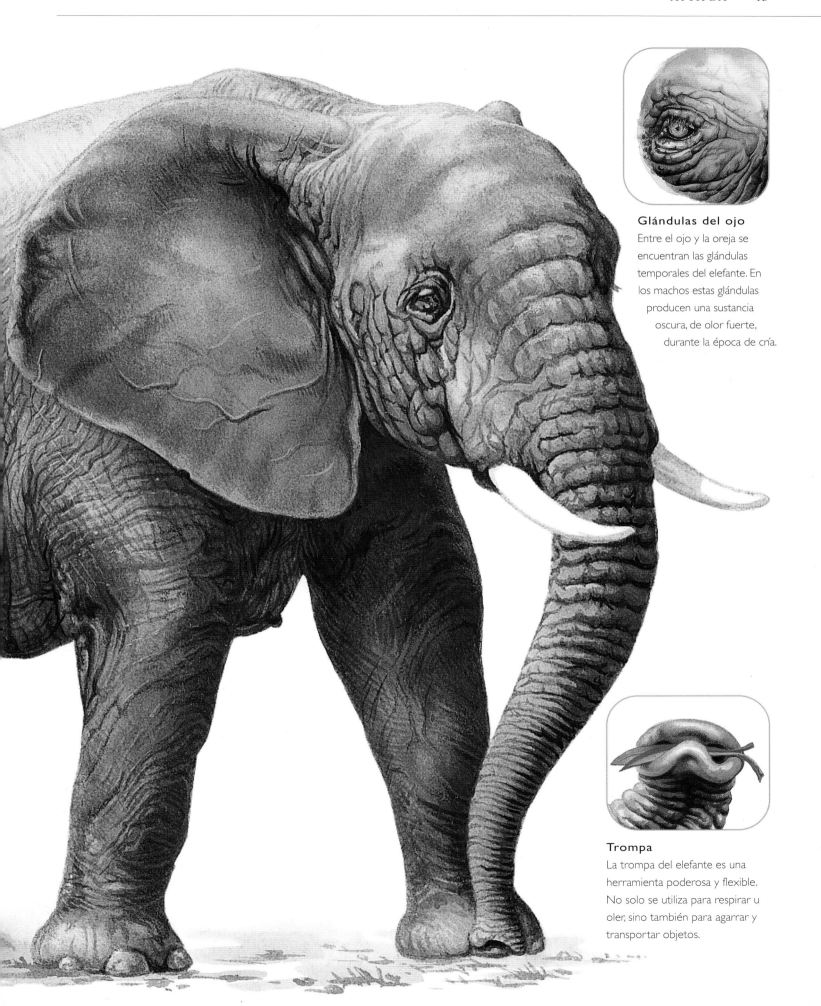

Glándulas del ojo
Entre el ojo y la oreja se
encuentran las glándulas
temporales del elefante. En
los machos estas glándulas
producen una sustancia
oscura, de olor fuerte,
durante la época de cría.

Trompa
La trompa del elefante es una
herramienta poderosa y flexible.
No solo se utiliza para respirar u
oler, sino también para agarrar y
transportar objetos.

Comparaciones

Como muestran estas ilustraciones, existen varias diferencias evidentes entre el elefante africano y el indio. El elefante indio es más pequeño, tiene la piel más fina y los colmillos menos prominentes. También suele tener una ligera joroba en el lomo y dos bultos en la frente. Vistos de cerca, las diferencias son menos obvias. Un elefante indio, por ejemplo, tiene cinco dedos en la pata delantera y cuatro en la trasera. Un africano tiene cuatro o cinco dedos en la pata delantera, pero solo tres en la trasera. La señal más reveladora son las orejas: las del elefante africano son más grandes y tienen la forma, según dicen algunos, del continente africano.

Elefante africano

Elefante indio

Los elefantes modernos son los últimos parientes vivos del mamut peludo, que se extinguió hace unos 4.000 años. Los mamuts pertenecían al grupo conocido como Proboscídeos, que, al igual que los elefantes, poseían un largo hocico o trompa. Habituales en otros tiempos en toda Europa, Asia, África y América, los elefantes han sufrido un rápido declive numérico desde la década de 1970. Los elefantes africanos son más grandes que sus parientes asiáticos, pero solo quedan unos 500.000. Entre ellos se encuentran el elefante del bosque de África Central y el elefante de África Occidental, que viven en bosques y sabanas. Sin embargo, el más grande de todos y rey indiscutible de las praderas es el elefante de la sabana, que vive al sur del desierto del Sahara.

VÍNCULOS FAMILIARES

Los elefantes salvajes viven unos 60 años. Durante este tiempo forman grupos familiares muy unidos de unos 10 o 12 miembros, encabezados por una hembra dominante de mayor edad llamada matriarca. Por lo general, los elefantes son animales sociables. Disfrutan de la compañía de la manada y son muy expresivos y comunicativos: para ello realizan una serie de ruidos sordos con el estómago, a la vez que utilizan el tacto, el olor y la postura del cuerpo para establecer vínculos con el resto del grupo.

Los machos suelen permanecer en la manada solo hasta que tienen unos 12 años; después la abandonan para formar sus propios grupos. El exilio de los machos adultos de la familia tal vez constituya una medida de seguridad. Un elefante adulto tiene unas glándulas entre el ojo y la oreja que se activan por un periodo de unos tres meses cada año.

Durante esta época, los machos adultos entran en una fase de conducta agresiva que se llega a convertir en locura. En este estado de excitación sexual tan intensificado, estos elefantes son muy peligrosos y suelen utilizar sus colmillos y su enorme volumen para desgarrar y pisotear a otros elefantes y, de vez en cuando, a seres humanos.

TANQUES DE LA ANTIGÜEDAD

En el siglo II a.C., el gran general norteafricano Aníbal (247-183 a.C.) cruzó los Alpes, penetró en Italia y declaró la guerra al Imperio romano. Llevaba con él 26.000

Hábitats del elefante africano

soldados, 6.000 caballos y docenas de elefantes de guerra. En el mundo antiguo el elefante era el equivalente a un tanque. En un campo de batalla causaban pánico y no solo por su gran tamaño, sino también por poseer un carácter impredecible. Podían hacer pedazos a un ejército enemigo con facilidad, pero también era posible que infligieran daños a sus propias tropas.

Estos enormes mamíferos no ven bien; cuando se alarman o se sienten amenazados, cargan a ciegas hacia el punto de origen del ruido. Los adultos pueden pesar hasta 6 t y sus colmillos alcanzan los 3 m de longitud; por tanto, pocas cosas pueden detener a un elefante enfadado o angustiado cuando sale de estampida. Los jinetes de los elefantes de Aníbal temían esto e iban equipados con un martillo y una enorme pica de metal. Si en algún momento perdían el control del elefante, el único modo de detenerlo era clavarle la pica en el cerebro.

¡ESTAMPIDA!

Cuando más peligrosos son los elefantes es en condiciones extremas, aunque no todos los ataques de estos animales son claramente defensivos. Son animales muy inteligentes y complejos, y algunas veces su conducta casi se parece a la humana. En 2002, por ejemplo, una manada de elefantes atacó un pueblo que estaba invadiendo su territorio. Después de beber grandes cantidades de cerveza, continuaron en lo que parecía una desbandada de borrachos tirando casas, destruyendo cosechas y matando a quien se pusiera en su camino.

En otro pueblo, un elefante atacó a un hombre que estaba intentando esconderse de la manada en lo alto de un árbol. El elefante sacudió el árbol hasta que lo tiró y utilizó sus poderosas patas como columnas para pisotearle hasta la muerte. Después bañó el cuerpo y se quedó de guardia a su lado, casi como si se arrepintiera de sus actos.

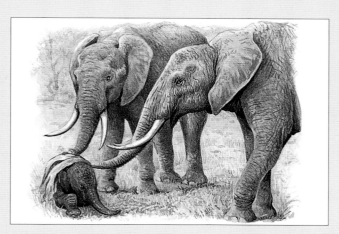

Desde el momento del nacimiento, el recién nacido se convierte en el centro de atención del grupo familiar.

Si es necesario, su madre u otra hembra ayudarán a la joven cría a ponerse en pie.

La madre vigila de cerca a su cría mientras avanza, dispuesta a sujetar al recién nacido con su trompa si este se tambalea.

La madre protege a su cría de los ardientes rayos solares en las horas de más calor.

Escorpión de cola gruesa

Aunque normalmente no mide más de 12 cm, el escorpión de cola gruesa tiene una terrible reputación. Un aguijón de este pequeño animal con coraza puede matar a un hombre en 7 horas y a un perro en solo 7 minutos.

Mandíbulas

Empleando un movimiento de tijera, utiliza sus poderosas mandíbulas para aplastar y triturar a su presa. A continuación succiona y digiere todos los fluidos corporales que puede obtener de su víctima.

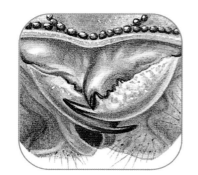

Características	ORDEN: *Scorpiones* / FAMILIA: *Buthidae* GÉNERO Y ESPECIE: *Androctonus australis*	
PESO	25 g	
LONGITUD	10 cm	
MADUREZ SEXUAL	Entre los 6 meses y los 3 años	
ÉPOCA DE APAREAMIENTO	Se desconoce	
PERIODO DE GESTACIÓN	Unos 6 meses	
NÚMERO DE CRÍAS	40 a 50	
INTERVALO ENTRE NACIMIENTOS	1 año	
DIETA	Invertebrados, como escarabajos, cucarachas y arañas	
ESPERANZA DE VIDA	3-5 años	

Cola y aguijón

Justo antes de atacar, el escorpión arquea la cola sobre su cuerpo dispuesto a asestar el golpe. En el extremo mismo de la cola se encuentra el aguijón que utiliza para inyectar veneno a su víctima.

Ojos

Los escorpiones tienen dos ojos en el centro de la cabeza, y otro grupo de tres más situado a cada uno de los lados de la cabeza. A pesar de esto, su vista no es buena.

Se han encontrado fósiles de escorpiones que datan de hace unos 400 millones de años. Esto indica que el escorpión es uno de los arácnidos más antiguos del mundo. Su hogar se encuentra en los trópicos, pero a pesar de ello se han localizado especies tan al norte como en la Columbia británica. El escorpión de cola gruesa está muy extendido y se puede encontrar en Egipto, Somalia, Arabia Saudí, Israel y Pakistán.

ÁRBOL GENEALÓGICO

Uno de los métodos más aceptados para la clasificación de animales consiste en agruparlos de acuerdo a sus antepasados biológicos. Con este sistema cada animal pertenece a un reino, un tipo, una clase, un orden, una familia, un género y una especie. Por ejemplo, el tigre es un animal que pertenece al reino *Animalia*. Tiene espina dorsal, y por ello forma parte del tipo *Chordata*. También es mamífero, lo que le sitúa en la clase *Mammalia*. Además, los tigres son carnívoros (orden *Carnivora*) y miembros de la familia de los felinos (*Felidae*), del género *Panthera*.

Los escorpiones pertenecen al tipo *Arthropoda* (artrópodos), clase *Arachnida* (arácnidos), orden *Scorpiones* (escorpión). Como todos los arácnidos, los escorpiones son pequeños y tienen el cuerpo dividido en dos partes principales. La parte delantera, llamada cefalotórax, incluye la cabeza y el tórax (pecho). La parte posterior se llama abdomen. Al ser un arácnido, no un insecto, los escorpiones también tienen ocho patas. A pesar de ser pequeños, los arácnidos son predadores peligrosos y el escorpión no es una excepción. En este caso su arma ofensiva consiste en un par de poderosas mandíbulas que aplastan y una cola larga y segmentada que contiene un potente veneno.

Hábitats del escorpión de cola gruesa

TOXINA MORTAL

Aunque estamos más familiarizados con el concepto de reptiles venenosos, especialmente las serpientes, casi todas las clases de animales del reino animal utilizan veneno. Estas incluyen algunos insólitos, como el ornitorrinco, algunas especies de estrellas de mar e incluso unos cuantos caracoles. Únicamente las aves (del orden *Aves*) son la excepción.

Prácticamente todos los arácnidos transportan alguna forma de veneno y muchos escorpiones tienen una mezcla especialmente potente. Hay unas 1.500 especies de escorpiones en el mundo y, de ellas, una media estimada de 25 son capaces de matar a una persona; en México y Estados Unidos mueren más personas al año a causa de

Comparaciones

Como la mayoría de los escorpiones viven en zonas desérticas, suelen tener tonos marrones o de color ocre, lo que les proporciona un excelente camuflaje natural. La excepción es el escorpión emperador, que es casi negro azabache y uno de los más grandes (20 cm). Con solo 1 cm de longitud, el *Microbuthus pusillus* es tan pequeño que la coloración protectora apenas importa.

Microbuthus pusillus

Escorpión de cola gruesa

Escorpión emperador

escorpiones que de serpientes. Se cree que el escorpión de cola gruesa mata unas 400 personas al año solo en Túnez. Su veneno es tan peligroso que su fuerza se ha comparado con la del mordisco de una cobra real.

DEFENSA Y ATAQUE

El veneno del escorpión se encuentra en dos glándulas que posee debajo del aguijón, que es una punta afilada situada en el extremo de la cola. Justo antes de atacar, el escorpión arquea la cola sobre su cuerpo, sujeta la presa con sus mandíbulas y, a continuación, le inyecta su veneno. Un típico festín para un escorpión de cola gruesa podría ser una araña, un escarabajo o un insecto pero, a pesar de ser una de las especies más pequeñas, eso no impide que el escorpión de cola gruesa tenga grandes ideas. Una de las mayores ventajas del veneno es que permite que incluso predadores de un tamaño moderado puedan matar una presa mucho más grande. Así, el escorpión de cola ancha

también come de vez en cuando algún mamífero pequeño o roedor. Una vez ha envenenado a su víctima, el escorpión desmiembra su cuerpo utilizando sus mandíbulas afiladas como navajas para cortar trozos de carne de un tamaño que pueda comer.

El veneno del escorpión es una mezcla muy compleja de toxinas y, aunque parezca extraño, el de un escorpión de cola gruesa podría estar destinado especialmente a matar vertebrados. Como la mayoría de sus presas son invertebrados, esto parece indicar que en un principio se desarrolló para proteger más que para cazar. A esto hay que añadir que el veneno de un escorpión contiene productos químicos dirigidos a causar dolor. Por tanto, es posible que un escorpión no sea capaz de matar a un enemigo, pero al menos logrará que este se lo piense dos veces antes de continuar el ataque. Los escorpiones también pueden rociar su veneno hasta 90 cm de distancia y causar ceguera ocasional, un modo muy eficaz de disuadir a los agresores.

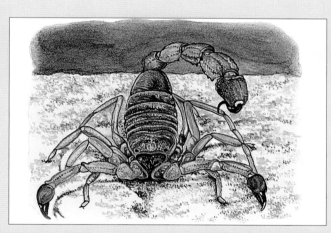

El escorpión espera escondido a su víctima. Las vibraciones le avisan del acercamiento de una presa.

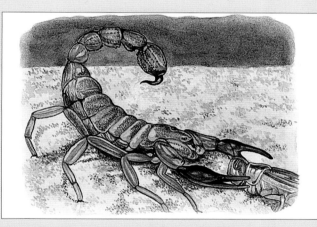

Una pobre langosta se acerca demasiado. El escorpión se abalanza sobre ella y la sujeta con sus poderosas pinzas.

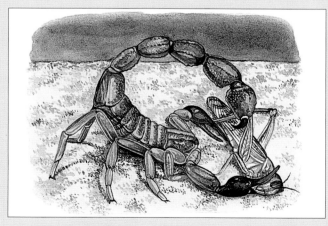

Entonces el escorpión arquea la cola sobre su cuerpo para liberar una dosis mortal de veneno mientras la víctima lucha por sobrevivir.

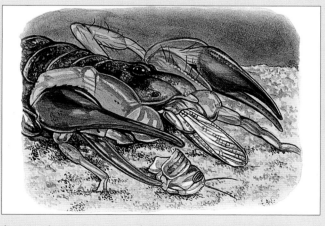

Aunque el escorpión tritura la langosta con sus mandíbulas, es incapaz de digerir la parte externa de su cuerpo. Por eso decide ingerir los jugos corporales de su presa.

Guepardo

Capaz de acelerar hasta 96 km/h en 3 segundos, el guepardo es el animal terrestre más rápido del mundo. Sin embargo, para este gato grande cazar es una cuestión de habilidad y tiempo. Si no atrapa a su presa en 30 segundos, estará demasiado cansado para continuar la persecución.

Patas delanteras

Los guepardos son capaces de estirar las patas más que otros animales. Esta capacidad les permite cubrir enormes distancias cuando corren.

Columna

Las paletas de los hombros están situadas en los costados, de tal forma que pueden arquear la columna al correr.

Características	ORDEN: *Carnivora* / FAMILIA: *Felidae* GÉNERO Y ESPECIE: *Acinony jabatus*
PESO	34-68 kg
LONGITUD	
CABEZA Y CUERPO	1,3-1,5 m
COLA	60-80 cm
MADUREZ SEXUAL	Entre los 20 y los 24 meses
ÉPOCA DE APAREAMIENTO	Todo el año
PERIODO DE GESTACIÓN	90-95 días
NÚMERO DE CRÍAS	Hasta 8, pero normalmente de 2 a 5
INTERVALO ENTRE NACIMIENTOS	17-20 meses
DIETA	Gacelas y otras especies antílopes; también liebres, roedores y aves de caza
ESPERANZA DE VIDA	Hasta 12 años en estado salvaje

Garras

La mayoría de los felinos retraen las garras cuando no las utilizan. Como los guepardos no pueden, las utilizan para agarrarse mientras corren.

Praderas y hábitats del guepardo

El guepardo se puede localizar en regiones de pradera y semidesierto de toda África. Estas zonas llanas y abiertas le permiten hacer uso de su excelente vista y gran velocidad.

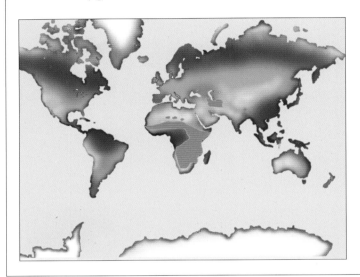

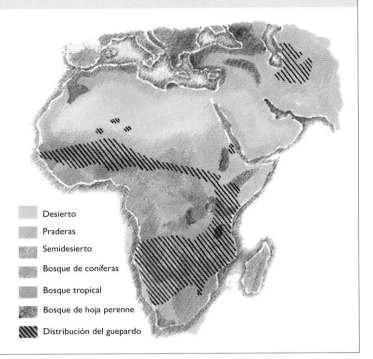

- Desierto
- Praderas
- Semidesierto
- Bosque de coníferas
- Bosque tropical
- Bosque de hoja perenne
- Distribución del guepardo

Los guepardos habitaron en las llanuras cubiertas de hierba de África, Oriente Medio y Asia Central donde, algunas veces, los terratenientes adinerados los consideraban plagas y los llamaban «leopardos cazadores». Tal vez sea su belleza y elegancia lo que ha conseguido que el aprecio por estos poderosos y hábiles asesinos haya perdurado hasta hoy. Incluso se pueden ver algunos guepardos en haciendas donde se anima a los turistas a tratarlos como si fueran gatos domésticos, con algún que otro resultado sangriento esporádico y previsible. Sin embargo, en estado salvaje los guepardos se suelen encontrar en amplias sabanas abiertas y en terrenos de arbustos y maleza, donde cada vez corren más peligro debido a la invasión humana y al acoso de los cazadores.

DISEÑADO A LA PERFECCIÓN

El guepardo es el supremo predador. Cada centímetro de este felino único (desde su pequeña cabeza redonda hasta su cola parecida a un timón) ha sido configurado por la naturaleza durante miles de años para conseguir la máxima velocidad y agilidad. Su cuerpo es esbelto y aerodinámico por naturaleza. Sus patas extremadamente largas y musculosas y su columna vertebral flexible le proporcionan una inmensa zancada de 7 m y le permiten cubrir distancias enormes de un solo salto. A pesar de ser miembros de la familia *Felidae* (familia del gato), los guepardos también poseen varias cualidades semejantes a las del perro. No pueden trepar a los árboles, por ejemplo. Tampoco pueden retraer las garras cuando no las utilizan. En vez de ello

Un guepardo observa una manada de gacelas desde una posición de ventaja cercana mientras elige una posible presa.

El guepardo se acerca a una distancia de 100 m antes de lanzarse a la carrera. Sus largas zancadas e increíble agilidad le aproximan cada vez más a su presa.

poseen unas garras de puntas romas y redondeadas, como las de un perro, que les permiten añadir tracción al suelo cuando corren. Finalmente, poseen un camuflaje excelente. Su piel es de color crema con manchas negras definidas y circulares. De este modo, agazapándose en las hierbas altas de la sabana, pueden acercarse a 30 m de su presa sin ser advertidos. Todas estas adaptaciones les convierten en unos cazadores excelentes y eficaces.

VELOZ Y MORTAL

A diferencia de los leones, los guepardos son predadores solitarios que cazan sobre todo de día. Sus víctimas son pequeños mamíferos ágiles, como la gacela del sur de África o el impala. Sin embargo, su presa favorita es la gacela de Thomson; esta especie constituye el 80% de sus víctimas.

Una vez que un guepardo elige una víctima, fija la vista en su presa y sigue cada uno de sus movimientos. Durante la persecución el cuerpo del guepardo gira, se retuerce y cambia de dirección para adaptarse a los movimientos de su presa de un modo exacto, en una sorprendente manifestación de velocidad y agilidad. Los guepardos gastan tanta energía en esta demostración atlética que, al cabo de medio minuto, la temperatura de su cuerpo se eleva a niveles casi mortales. Las gacelas y los antílopes no son tan veloces como los guepardos, pero tienen más resistencia. Por tanto, el secreto de la supervivencia de estos humildes bovinos de la pradera consiste simplemente en seguir corriendo hasta que el guepardo se canse.

ÉXITO COMBINADO

Tal vez porque la caza les resulta tan agotadora y, a la vez, es poco metódica, la estructura social de los guepardos es sorprendentemente flexible. Las hembras suelen vivir solas o con sus cachorros en pequeños territorios que pueden solaparse con los de otras hembras. Los machos suelen ser solitarios y viven una vida nómada vagando por zonas de unos 800 a 1.500 km². No obstante, algunos pueden vivir en grupos de modo ocasional, hasta con otros cuatro machos. Esta cooperativa dura toda la vida del guepardo, que es de unos 12 a 14 años en estado salvaje. Incluso dentro de una cooperativa, los guepardos pueden cazar en solitario; pero si trabajan unidos aumentan las posibilidades de éxito en la caza. Un grupo de guepardos también puede enfrentarse a una presa mucho más grande: se sabe que dos de ellos son suficientes para derribar a un animal tan grande como un ñu, que puede llegar a ser al menos seis veces más pesado que un guepardo de tamaño medio. Es como si un ser humano luchara con un oso polar y ganara.

Comparaciones

Las manchas del guepardo forman parte de su camuflaje natural. A primera vista, puede parecer que estas llamativas manchas negras hacen más visible a un guepardo. Sin embargo, otros grandes felinos exhiben también vivos dibujos similares a los del guepardo para camuflarse. La razón es sencilla: ¡funciona! Las manchas negras rompen la línea del contorno del guepardo dificultando que la presa u otros predadores lo vean con claridad. Las manchas del leopardo y del jaguar forman un dibujo de escarapela, mientras que las del guepardo son más abiertas y tienen una forma regular.

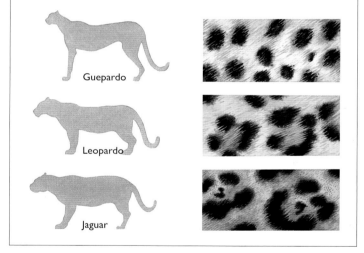

Guepardo

Leopardo

Jaguar

Al entrar en el radio de ataque, el guepardo se abalanza hacia los cuartos traseros de la presa y golpea su parte inferior para derribar al animal que huye.

La presa cae. En ese momento el guepardo sujeta la garganta de la gacela con sus poderosas fauces, estrangulando al desafortunado animal.

Hipopótamo

A pesar de su aspecto pesado y cordial, los hipopótamos matan más personas en África que cualquier otro animal. Estos gigantes formidables pueden pesar hasta 4,5 t y alcanzar 1,40 m de altura. Un hipopótamo que bosteza puede parecer inofensivo, pero este despliegue de colmillos y dientes es en realidad un aviso para que nos mantengamos bien alejados.

Características	ORDEN: *Artiodactyla* FAMILIA: *Hippopotamidae* GÉNERO Y ESPECIE: *Hippopotamus amphibius*
PESO	Macho: 1.000-4.500 kg Hembra: 1.000-1.700 kg
LONGITUD	
CABEZA Y CUERPO	2,9-5 m
COLA	40-56 cm
ALTURA DESDE LOS HOMBROS	1,5-1,65 m
MADUREZ SEXUAL	Macho, a los 6-13 años; hembra, a los 7-15 años
ÉPOCA DE APAREAMIENTO	Estación seca; varía según la región
PERIODO DE GESTACIÓN	227-240 días
NÚMERO DE CRÍAS	1 (los gemelos son raros)
INTERVALO ENTRE NACIMIENTOS	Cada dos años aproximadamente
DIETA	Básicamente hierba y vegetación
ESPERANZA DE VIDA	35-50 años

Cola

Cuando marcan su territorio, los hipopótamos macho hacen girar la cola para rociar orina y heces que marquen los límites de su espacio.

Glándulas de la piel

Los hipopótamos tienen muy poco pelo que les proteja. En su lugar poseen unas glándulas que producen una sustancia rosa pegajosa que sirve de filtro para protegerse de los rayos solares.

Colmillos y dientes

Los colmillos del hipopótamo son en realidad dientes de gran tamaño. Los de la parte inferior, en el exterior de la mandíbula, son incisivos. Los grandes dientes afilados de la mandíbula superior son molares.

Comparaciones

Como cabría suponer, el hipopótamo del Nilo habita principalmente a lo largo de las orillas situadas más al sur del río Nilo, que se extienden desde el ecuador al mar Mediterráneo. Por su parte, el hipopótamo pigmeo prefiere vivir en bosques tropicales y terrenos pantanosos. Al ser más pequeños que sus parientes del Nilo, los pigmeos son capaces de servirse de la maleza de un modo eficaz para ocultarse de cualquier peligro potencial. Esto significa que dependen menos del agua para protegerse y, por tanto, carecen por naturaleza de las adaptaciones acuáticas que han desarrollado los hipopótamos del Nilo.

Hipopótamo pigmeo

Hipopótamo del Nilo

H ipopótamo significa «caballo de río» en griego. Cuando está sumergido, la cabeza de este gran mamífero con forma de barril se parece curiosamente a la de un caballo, pero en realidad está más relacionado con el cerdo. Aunque en otros tiempos abundaban en los ríos de toda África, ahora solo hay dos especies de hipopótamos conocidas: el común, o hipopótamo del Nilo, y el hipopótamo pigmeo, más pequeño y menos numeroso. Ambos se encuentran en Sudáfrica y África Central y Occidental.

Hábitats del hipopótamo

GRANDEZA ES BELLEZA

En estado salvaje el hipopótamo vive entre 40 y 45 años, y la mayor parte de ese tiempo lo pasa dentro o cerca de ríos y lagos. Incluso se aparea y pare bajo el agua. Cuando está sumergido, el agua soporta el enorme volumen del hipopótamo y le permite moverse con extraordinaria elegancia. Como otros muchos animales, el hipopótamo tiene un cuerpo que se ha ido adaptando, durante miles de años, a las necesidades de su particular modo de vida. Ojos, orejas y fosas nasales se encuentran en la zona superior de la cabeza, lo cual les permite ver y oír perfectamente incluso cuando la mayor parte de su cuerpo está totalmente sumergida. Cuando bucean, pueden cerrar las orejas y fosas nasales para que no entre agua, mientras que sus dedos en forma de pezuña son palmeados para ayudarles a propulsar su cuerpo sin pelo hacia delante. Estas adaptaciones han hecho que los hipopótamos sean extremadamente versátiles y una cría pueda andar, correr y nadar a los 5 minutos de nacer.

ADAPTABILIDAD

Los hipopótamos son herbívoros, lo que significa que son vegetarianos. Por la noche salen a tierra firme para pacer sobre la hierba y comer fruta caída. Son tan eficientes que, cuando comen, cortan la hierba tan a ras del suelo que los incendios forestales no se extienden por las zonas en las que ellos habitan. En una tarde un hipopótamo se come unos 40 kg de hierba. Por sorprendente que parezca, en realidad es una cantidad pequeña para un animal de ese tamaño así que, al parecer, con su forma de vida semiacuática también ahorran energía. Como son oportunistas, también se sabe que comen mamíferos pequeños o buscan carne de animales muertos, especialmente en épocas de sequía, cuando puede escasear su alimento habitual.

ORDEN PÚBLICO

Los hipopótamos son animales sociables y se suelen reunir en grandes grupos familiares compuestos de 10 o 20 miembros (algunas veces incluso 100) para compartir abrevaderos temporales. Pero también son extremadamente territoriales y para llevarse bien en la sociedad hay reglas estrictas que obedecer. En el centro de cada territorio hay un banco de arena llamado *crèche* (guardería) que utilizan las hembras y sus crías. Alrededor de la *crèche* hay zonas conocidas como refugios, ocupadas por machos, que luchan entre ellos para acceder a los refugios interiores donde podrán aparearse con las hembras. Como todos los hipopótamos tienen dientes largos, parecidos a colmillos, y mandíbulas fuertes estas luchas pueden ser violentas y algunas veces mortales.

Sin embargo, es la hembra la que puede resultar más peligrosa, especialmente cuando tiene que defender a sus crías. Durante la época de cría los machos pueden visitar a las hembras, pero solo si no muestran ningún signo de agresión. Para demostrarlo el macho tiene que tumbarse en cuanto una hembra se levanta. Si rompe esta regla, se le considerará una amenaza para la seguridad de la *crèche* y será expulsado con violencia, como lo haría cualquier otro animal (incluyendo los humanos) cuando invaden su entorno.

Cuando los hipopótamos se sienten amenazados, suelen dirigirse directamente al agua, donde se sienten más capaces de defenderse. Sin embargo, esto no significa que se encuentren indefensos en tierra. Aunque puedan parecer desgarbados y pesados, un hipopótamo enfurecido puede correr a 32 km/h, velocidad suficiente para perseguir a un hombre o, a mayor distancia, a un león, que solo puede mantener su velocidad en distancias cortas.

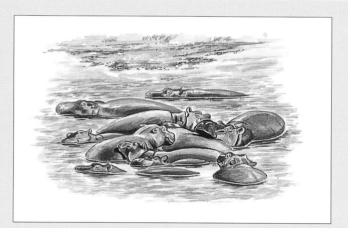

Los hipopótamos hembra y las crías se congregan en grupo a modo de guardería. Están protegidos por un macho dominante, lo que significa que disfrutan de una existencia relativamente tranquila.

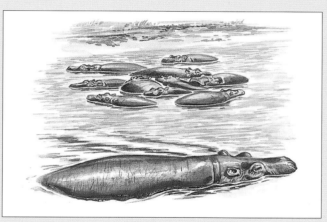

El macho se mantiene ocupado patrullando alrededor de la guardería, vigilando a cualquier rival que pueda atreverse a desafiar su derecho sobre las hembras.

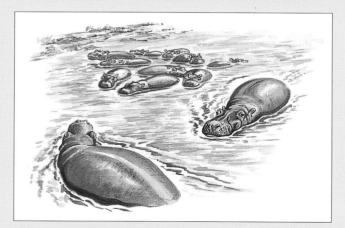

Otro macho intenta entrar en la guardería para aparearse. Defendiendo sus derechos de reproducción sobre las hembras, el macho dominante está dispuesto a atacar.

Comienza una violenta batalla en la que los hipopótamos utilizan sus colmillos para cortar y apuñalar. Las luchas pueden resultar mortales.

Langosta

En todos los continentes existe una variante propia de este prolífico insecto, pero las más peligrosas para los humanos son la langosta roja, la langosta del desierto africano central y la muy extendida langosta migratoria. Una vez en movimiento, los enjambres pueden viajar tan deprisa que solo tardan unos días en recorrer el territorio africano, cruzar Europa y penetrar en el sur de Rusia, llevando con ellas la hambruna a continentes enteros durante su migración.

Características	ORDEN: *Orthoptera* / FAMILIA: *Acrididae* GÉNERO Y ESPECIE: *Schistocerca*
LONGITUD	Hasta 90 mm; el macho es más pequeño que la hembra
MADUREZ SEXUAL	Después de la cuarta muda, que dura un tiempo variable
ÉPOCA DE CRÍA	Normalmente después de las lluvias
INTERVALO ENTRE CRÍAS	Los huevos pueden permanecer aletargados en el suelo durante años
NÚMERO DE HUEVOS	5 o 6 vainas, de unos 100 huevos cada una
DIETA	Hojas, tallos, flores y frutos de plantas silvestres y cultivadas
ESPERANZA DE VIDA	30-50 días como ninfa; 4-5 meses como adulto

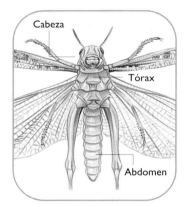

Estructura del cuerpo

Todos los miembros adultos de la familia de los insectos tienen una estructura corporal similar que comprende la cabeza, el tórax y el abdomen. Este último está protegido por un caparazón externo resistente.

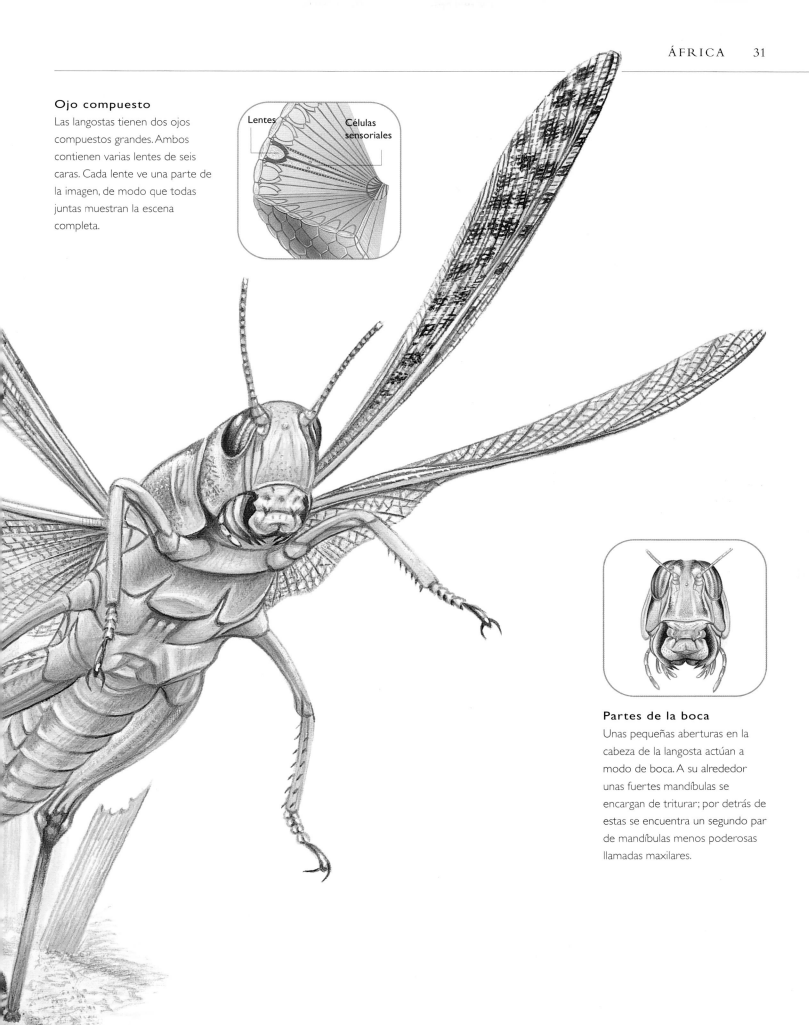

Ojo compuesto

Las langostas tienen dos ojos compuestos grandes. Ambos contienen varias lentes de seis caras. Cada lente ve una parte de la imagen, de modo que todas juntas muestran la escena completa.

Lentes

Células sensoriales

Partes de la boca

Unas pequeñas aberturas en la cabeza de la langosta actúan a modo de boca. A su alrededor unas fuertes mandíbulas se encargan de triturar; por detrás de estas se encuentra un segundo par de mandíbulas menos poderosas llamadas maxilares.

Hábitats de la langosta del desierto

En el Antiguo Testamento una de las diez plagas enviadas por Dios para castigar a los egipcios fue la de las langostas. Hoy en día muchos agricultores africanos reconocerían esta descripción de las consecuencias de una visita de este devastador insecto: «Cubrieron toda la superficie de la tierra, que se oscureció; devoraron todas las hierbas de la tierra, todos los frutos de los árboles,… y no quedó nada de verde,… en toda la tierra de Egipto» (Éxodo 10, 15).

ADAPTACIÓN Y SUPERVIVENCIA

Las langostas forman parte de la familia de los insectos, lo que quiere decir que tienen seis patas, el cuerpo dividido en tres partes (cabeza, tórax y abdomen) y un caparazón externo duro. Los insectos son los grandes supervivientes del reino animal: en cada 2,6 km² de tierra hay tantos insectos como personas habitan en todo el planeta.

En parte esto se debe a que se reproducen en grandes cantidades, de un modo increíblemente rápido. Algunos insectos pueden producir varias generaciones de descendientes en un mismo año. Esto significa que son capaces de reaccionar con rapidez a los cambios medioambientales que, de otro modo, acabarían con ellos, y se adaptan a vivir en prácticamente todo tipo de condiciones, en cualquier parte del mundo. Vayas donde vayas, desde el desierto más seco hasta la tundra más helada, encontrarás una próspera población de insectos.

APETITO INSACIABLE

El nombre «langosta» se refiere a cualquier tipo de saltamontes migratorio. Las langostas típicas tienen antenas cortas en la cabeza, patas traseras largas para saltar y cuatro alas que pueden plegarse cuando no las utilizan. Como todos los insectos, las langostas también tienen pequeñas aberturas en la cabeza que funcionan como una boca. Alrededor de esta abertura se encuentran las partes de la boca, que varían de un insecto a otro dependiendo de su tipo de alimentación. Algunos insectos, por ejemplo, succionan su alimento con ayuda de unas afiladas agujas llamadas estiletes que les sirven para trocear las hojas o cuerpos de animales. Las langostas, como las termitas, mastican y cortan su comida. Gracias a unas fuertes mandíbulas que le sirven para machacar, una

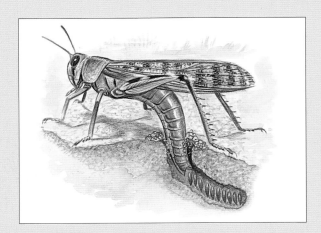

La hembra entierra los huevos en un agujero en forma de vaina; después lo asegura con una espuma blanca que se endurece y se convierte en un sello protector.

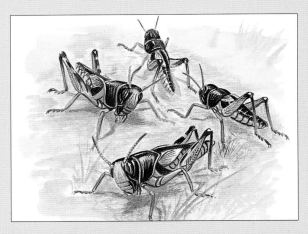

Después de la eclosión de los huevos, los gusanos escarban hacia la superficie, donde se desprenden de su piel y salen al exterior en forma de diminutas ninfas.

langosta puede romper y rasgar la materia más dura para abrirse camino. Un segundo par de mandíbulas menos potentes, llamadas maxilares, se encuentran detrás de las mandíbulas. Ambas se mueven lateralmente, más que hacia arriba y hacia abajo, y constituyen una máquina de comer muy eficaz.

PROPORCIONES
DE LA PLAGA

Nadie sabe con seguridad por qué las langostas vuelan en enjambre, pero parece ser que sucede cuando ha habido lluvia en abundancia y la temperatura es cálida. Las hembras ponen los huevos en el suelo. Las condiciones de humedad y calor facilitan la eclosión de los huevos y proporcionan un abundante suministro de brotes verdes con que se alimentan los recién llegados. Después de eclosionar el huevo, las langostas sin alas, llamadas ninfas, se reúnen en pequeños grupos. En esta fase no resultan ser un gran problema para los agricultores, pero a medida que crecen en número los enjambres se vuelven más peligrosos.

Después de unas tres semanas, las ninfas desarrollan alas y el enjambre alza el vuelo en busca de alimento. Estos

Comparaciones

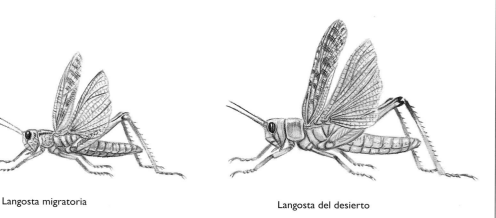

En África, la langosta del desierto es una amenaza constante para la vida y el sustento. Es peligrosa porque suele aparecer en zonas donde el alimento ya es escaso de por sí. También la langosta migratoria es muy destructiva. Aunque es mucho más pequeña que su homóloga africana, este insecto de color arena posee una amplia distribución, llevando la destrucción y la devastación a granjas de regiones que se extienden desde África al norte de Europa.

Langosta migratoria   Langosta del desierto

enjambres de langostas pueden ser enormes. Se estimó que uno, en el norte de África, contenía 150.000 millones de insectos y cubrió una zona de 121 por 26 km. «No se veía el suelo», decía un testigo, «todo lo que se oía era masticar». Durante la plaga las langostas llegan a estar tan angustiadas por la comida que atacan cualquier cosa que sea de color verde. Se ha sabido que han comido la ropa verde que estaba colgada para secar, han atacado edificios verdes e, incluso, se comen unas a otras.

La joven ninfa tiene que mudar su piel otras cinco veces antes de convertirse en un adulto con alas y completamente desarrollado.

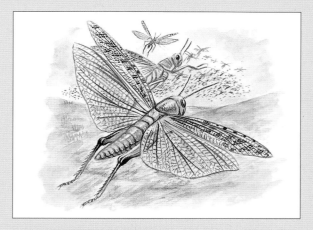

Las langostas emigran rápidamente en busca de comida una vez se ha incrementado su número y han agotado las provisiones de la zona.

León

De todos los grandes felinos carnívoros de África, el león es el más conocido. Con unas fuertes patas delanteras parecidas a las del oso y unas garras curvadas que enganchan y sujetan a su presa, un león adulto de 180 kg de peso es considerado uno de los animales predadores más poderosos de África.

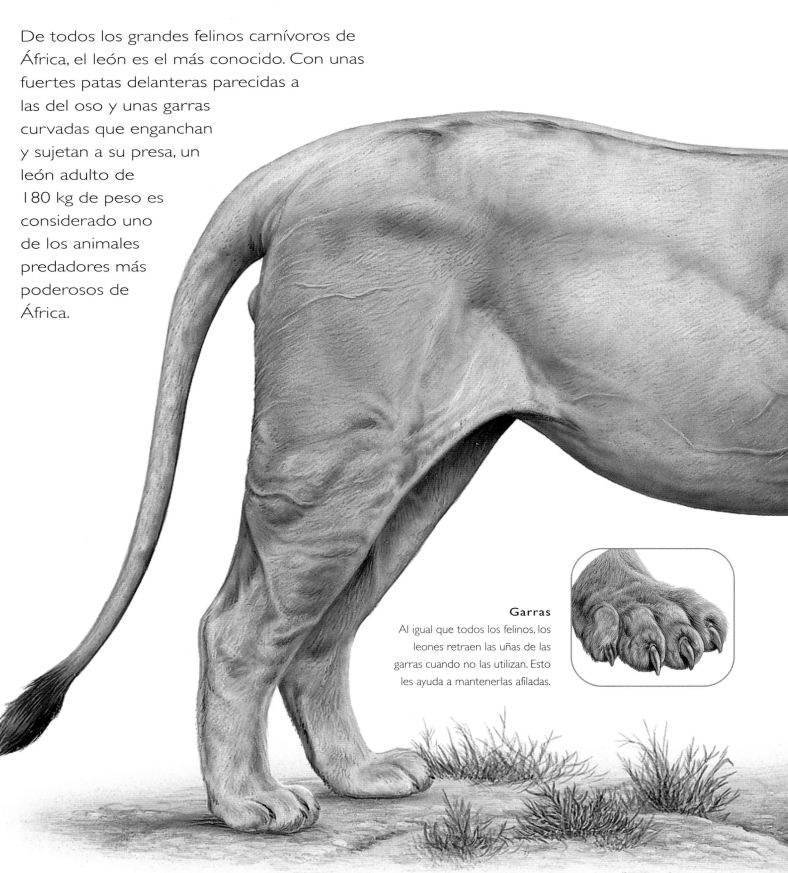

Garras
Al igual que todos los felinos, los leones retraen las uñas de las garras cuando no las utilizan. Esto les ayuda a mantenerlas afiladas.

Dientes

En el interior de las poderosas fauces de un león se encuentran los cuatro grandes caninos que utilizan para dar el golpe mortal a sus víctimas.

Características	ORDEN: *Carnivora* / FAMILIA: *Felidae* GÉNERO Y ESPECIE: *Panthera leo*	
PESO	150-250 kg	
LONGITUD		
CABEZA Y CUERPO	1,65-2,5 m	
COLA	89-102 cm	
ALTURA DESDE LOS HOMBROS	1,2 m. El macho puede ser hasta un 50% más grande que la hembra	
MADUREZ SEXUAL	A los 18 meses	
ÉPOCA DE APAREAMIENTO	Todo el año	
PERIODO DE GESTACIÓN	102-113 días	
NÚMERO DE CRÍAS	1 a 4	
INTERVALO ENTRE NACIMIENTOS	18-26 meses	
DIETA	Cebras, antílopes, búfalos, jirafas, ñus y otros mamíferos; también carroña	
ESPERANZA DE VIDA	Hasta 16 años	

Comparaciones

El leopardo es uno de los miembros más extendidos de la familia *Felidae,* con subespecies que se encuentran en toda África, tan al norte como la sabana, y en las montañas nevadas de China. Aunque solo alcanza el 60% del tamaño de un león adulto, el leopardo es mucho más rápido y más ágil que su vecino africano. No obstante, a diferencia del león, el leopardo suele ser cazador solitario, especializado en pequeños mamíferos como conejos, ovejas salvajes y cabras.

Leona   Leopardo

Aunque se suele llamar «rey de la selva» al león, estos poderosos felinos no viven realmente en la selva. Viven donde abunda su alimento, como venados, cebras y búfalos, y donde hay suficiente maleza y hierba que les permitan acechar a su presa con eficacia. Aunque todavía se puede encontrar algún león asiático en el Santuario de Gir en India, muchas subespecies, incluyendo el león persa, están extinguidas en la actualidad. Los que quedan viven en África, principalmente en el Parque Nacional del Serengueti, en Tanzania, y en el Parque Nacional Kruger, en Sudáfrica.

¿REINA DE LA SELVA?

Con su gran melena regia y dorada, la visión de un león macho impresiona. Sin embargo, es posible que sean las hembras, más pequeñas y sin melena, las auténticas reinas de la sabana. Por naturaleza los leones son animales sociables y viven en grupos familiares llamados manadas. La mayor parte de la manada, entre 10 y 30 miembros, la forman las hembras, que suelen estar emparentadas tras varias generaciones. Son las leonas las que cazan para la manada, aunque los machos matarán si surge la oportunidad.

Como las leonas no pueden correr a la misma velocidad que un guepardo o un leopardo, solo tienen un 30% de probabilidades de matar con éxito, pero si trabajan en grupo, como así sucede, pueden duplicar las oportunidades. Durante la caza cada leona se dirige hacia una dirección diferente para rodear a la presa. Una vez apostadas, se agazapan tras la hierba alta y acechan a su víctima hasta que están lo suficientemente cerca para atacar. Utilizan sus poderosas garras y el peso de su cuerpo para derribar a la presa y estrangularla mordiéndole en la garganta. Ni siquiera trabajando en grupo resulta fácil la tarea de atrapar una presa, así que las leonas suelen cazar en la oscuridad, cuando resulta más fácil pillar desprevenidas a sus víctimas. No obstante, después de que las hembras han realizado todo el trabajo, el macho ahuyentará a los demás miembros de la manada para obtener «la parte del león» en el festín.

Hábitats del león

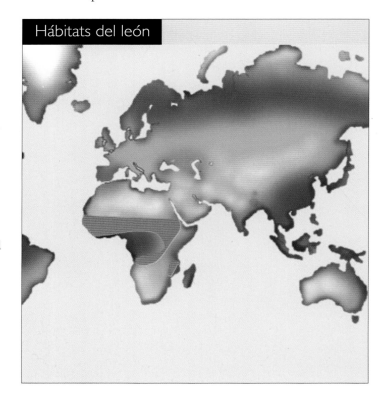

¿CAZADOR O CARROÑERO?

Un león macho adulto puede comer 40 kg de carne de una sentada. Una vez saciado ya no necesita comer de nuevo hasta pasada una semana. En verdad, para ser unos animales tan poderosos, los leones son increíblemente perezosos. El tamaño del territorio de un león africano varía, dependiendo del tamaño de la manada, de 20 a 400 km²; sin embargo, durante un día normal viajará hasta unos 8 km y solo pasará unas cuantas horas cazando. En realidad, el pasatiempo preferido de un león es dormitar al Sol: ¡puede pasar hasta 20 horas al día sin hacer nada!

Algunas veces los leones ni se molestan en cazar. Las hienas tienen fama de carroñeras y, en efecto, roban comida a los carnívoros más grandes; sin embargo, estudios recientes han demostrado que los leones roban a las hienas de igual modo, aprovechándose de su tamaño para intimidarlas y perseguirlas, hasta conseguir que la manada de hienas se aleje de la carne fresca.

¿REALMENTE SON PELIGROSOS?

Los leones son capaces de matar a seres humanos. En 2003, cuando uno de ellos pasó por Malawi arrasándolo todo, fueron necesarios cuatro cazadores para detener su espantosa carnicería. Incluso con el vientre lleno de balas y los intestinos fuera, el león todavía consiguió atacar a dos de los cazadores antes de morir.

A pesar de su tamaño y su sobrecogedor rugido, los leones no son tan peligrosos como muchos grandes herbívoros de África. Son poderosos e impredecibles pero, con el paso de los siglos, han aprendido a temernos y evitarnos. Los leones pueden acercarse de vez en cuando a pueblos o asentamientos, normalmente para apresar ganado, pero suelen permanecer bastante alejados de los hombres. Aproximadamente un 74% de las muertes de leones son causadas por el hombre y se estima que de estos espectaculares animales solo quedan unos 23.000 en estado salvaje.

Según va cayendo la tarde un grupo de leonas se prepara para cazar. Moviéndose en línea recta, se sirven de su agudo sentido para buscar a la presa.

El color marrón claro de las leonas les permite confundirse con la hierba de la sabana. Aprovechándose de cualquier tipo de cobertura que encuentran, se van acercando.

La presa no es consciente del peligro; las leonas situadas en los flancos de la línea avanzan y le cortan el paso, cerrándole el camino de salida.

Cuando las leonas situadas en el centro de la línea inician su ataque, la víctima se ve obligada a huir directamente hacia la emboscada.

Víbora bufadora

La cabeza plana con dibujos llamativos de la víbora bufadora oculta un secreto letal porque es ahí donde se encuentran las glándulas venenosas de este reptil mortal. Es posible que su veneno no sea tan tóxico como el de la mamba negra, pero solo unas cuantas gotas son suficientes para matar a un hombre adulto. La víbora bufadora puede inyectar hasta 15 gotas con un solo mordisco.

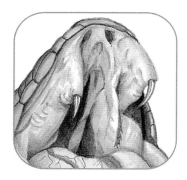

Dientes

Los dientes de la víbora bufadora están colocados sobre unas bisagras «elásticas», lo que significa que salen hacia delante cuando la serpiente abre la boca y se repliegan cuando la cierra.

Características

ORDEN: *Squamata* / FAMILIA: *Viperidae* / GÉNERO Y ESPECIE: *Bitis arietans*

PESO	1,5-2 kg
LONGITUD	70-150 cm
MADUREZ SEXUAL	A los 2 años aproximadamente
ÉPOCA DE CRÍA	Depende de las lluvias; normalmente durante las primeras lluvias
NÚMERO DE CRÍAS	Suelen ser 20 o 30; excepcionalmente más de 50
PERIODO DE INCUBACIÓN	Unos 5 meses; los huevos se incuban en el interior de la hembra
INTERVALO ENTRE NACIMIENTOS	1 año
DIETA	Roedores y otros mamíferos pequeños, aves, lagartos y anfibios
ESPERANZA DE VIDA	Hasta 15 años

Boca
El veneno almacenado en glándulas de la mandíbula superior llega hasta los dientes huecos a través de un tubo estrecho.

Á frica es el hogar de ocho especies de víbora, desde
la víbora de Peringuey, que es la más pequeña de la
familia, a la más grande, que es la víbora de Gabón. Esta
gran superviviente está tan bien adaptada a las condiciones
extremas de África que se pueden encontrar víboras
bufadoras por todo el vasto continente.

ASESINO INVISIBLE

Para que un predador tenga éxito, es esencial un buen
camuflaje. Esta es una lección que ha aprendido muy bien la
familia de las víboras bufadoras. En las arenas y los suelos secos
de los desiertos y las sabanas de África, las víboras bufadoras
adoptan para camuflarse todos los tonos que les ofrece el
desierto, desde marrones mates a amarillos y grises. Estos
colores armonizan bien con los del entorno por lo que, tanto
si se tumba tranquilamente como si excava en la arena, la
víbora del desierto puede resultar prácticamente invisible. El
color de la serpiente procede principalmente de unas células
de pigmento que hay en las capas de su piel. La mayoría de las
serpientes son de colores apagados, a excepción de la víbora
rinoceronte, llamada así por las escamas vueltas hacia arriba
que posee en la cabeza y que parecen cuernos. De hecho, esta
serpiente sí es visible por sus escamas de color morado, azul,
verde, negro y rojo, y es difícil imaginar cómo un animal de
colores tan llamativos puede confundirse con el entorno con
tanta facilidad: en el suelo del bosque tropical, entre las hojas
caídas y el follaje, esta hábil cazadora se puede mover por los
alrededores sin ser detectada.

EVOLUCIÓN MORTAL

Se cree que todas las serpientes han evolucionado a partir de
un antepasado lagarto de hace unos 100 millones de años.
Durante este proceso perdieron las patas pero adquirieron

Hábitats de la víbora bufadora

una buena cantidad de rasgos importantes para sobrevivir. Al
ser carnívoras, la característica más notable que incorporaron
fue la del veneno. Como las serpientes no tienen garras,
necesitaron desarrollar un modo de incapacitar y matar a su
presa. Las grandes constrictoras, como las pitones y las boas,
asfixian a su presa enrollándose alrededor de su cuerpo y
aplastándola lentamente. Sin embargo, la cuarta parte de las
serpientes producen veneno por medio de unas glándulas
salivales modificadas. El mecanismo de liberación del veneno
se encuentra en sus dientes y, de nuevo, la naturaleza ha
introducido unas cuantas variaciones.

Comparaciones

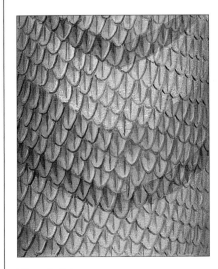

La víbora de Gabón, como la víbora bufadora,
pertenece a la familia de las viperinas (Viperidae). Al
igual que muchos miembros de este grupo colorido
y mortal, las víboras de Gabón tienen su hogar en
África y donde más cómodas se encuentran es entre
los árboles y el follaje del suelo del bosque tropical.

Las víboras suelen tener el cuerpo corto y
grueso, y una cabeza ancha para alojar sus grandes
glándulas venenosas y sus dientes largos. También
son ovovivíparas, lo que significa que las hembras
producen huevos que incuban dentro de su cuerpo.

Víbora bufadora

Víbora de Gabón

Estos dos machos están realizando una «danza de combate» por el derecho a aparearse con una hembra receptiva que se encuentra cerca. Esta contienda continúa hasta que uno de ellos se retira.

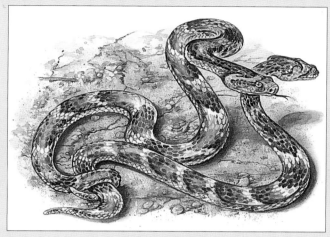

Para que el macho victorioso se aparee con la hembra, tiene que enroscar su cola por debajo de la de ella, e introducir sus órganos sexuales en una cavidad situada en el extremo de su cuerpo llamada cloaca.

Tras el periodo de gestación, que dura unos cinco meses, salen de los cascarones las serpientes, completamente formadas.

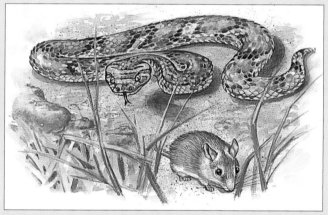

Al poco de nacer, la cría abandona a la madre para empezar a cazar por sí misma.

Por ejemplo, algunas serpientes tienen los dientes mirando hacia atrás en la parte posterior de la mandíbula y los utilizan para inyectar veneno y paralizar a su presa mientras se la tragan. Otras, como las víboras bufadoras, tienen dientes en la parte anterior de la mandíbula. El movimiento que realiza la mandíbula hacia delante permite a la víbora enderezar los dientes y clavarlos en la presa, inyectándole el veneno directamente.

¡SE LO TRAGAN ENTERO!

Las víboras bufadoras lanzan un silbido extraordinariamente alto que producen forzando el aire a través de sus pulmones. Este ruido es un aviso para mantenerse bien alejados de ellas. La producción de veneno les obliga a hacer uso de muchos recursos, por lo que las serpientes prefieren advertir a los animales grandes en vez de malgastar veneno en algo que no

se pueden comer. Las serpientes no pueden desgarrar o masticar su comida para hacerla más pequeña, así que la víbora bufadora es, sencillamente, incapaz de manejar un gran mamífero. Sin embargo, sí son capaces de comer una amplia variedad de alimentos más pequeños, como ranas, que con frecuencia pueden atrapar y engullir sin usar veneno.

Con animales más grandes, como aves y lagartos, la serpiente utiliza sus dientes para inyectar el veneno. Una vez ha muerto el animal, la víbora se lo traga entero. Puede hacerlo porque su mandíbula está dividida desde el cráneo al mentón, y unos ligamentos elásticos resistentes le permiten mantenerla muy abierta. Los dientes que miran hacia atrás le ayudan a introducir el cuerpo en la boca y una serie de movimientos musculares le obligan a bajar por la garganta de la serpiente. Cuando ha comido, la víbora suele tumbarse al Sol para elevar la temperatura de su cuerpo y acelerar la digestión.

OCÉANO GLACIAR
ÁRTICO

Cordillera
de Brooks

Montes de Mackenzie

ALASKA

Mont.

CANADÁ

Bahía de Hudson

Rocosas

ESTADOS
UNIDOS

Sierra Nevada

OCÉANO
PACÍFICO NORTE

Apalaches

O

ATL

N

Golfo de
México

América del Norte

~

Todo es grande en América del Norte.
Puede que no sea la mayor extensión de tierra del mundo,
pero ninguna otra zona parece estar formada a esa escala.

MAR DEL
LABRADOR

Técnicamente, el subcontinente de América del Norte incluye México y América Central, pero la rica fauna y flora de estas zonas se tratarán en el capítulo de América del Sur y Central. No obstante, aunque restrinjamos nuestra atención al vasto triángulo invertido de tierra que forma América del Norte y a la enorme isla de Groenlandia, nos llevará a un viaje realmente monumental: atravesaremos Estados Unidos y nos adentraremos en Canadá, nos desplazaremos desde el desierto a las grandes extensiones de hielo polares.

Si comenzamos esta épica expedición cerca de la costa occidental, nos encontramos con las impresionantes Montañas Rocosas, que se dirigen hacia el sur desde Alaska, recorriendo 4.800 km hasta llegar a Nuevo México. Es un territorio accidentado y de gran belleza natural, con picos cubiertos de nieve, bosques ondulantes y lagos que se llenan en primavera y son espectacularmente cristalinos; también posee algunos de los escenarios y fauna salvaje más impresionantes de la región. Bajando desde los picos de las montañas hacia el interior llegamos a las Grandes Llanuras. Esas vastas áreas de praderas son el núcleo de la vida rural de Norteamérica y, junto a los animales domésticos más comunes, se encuentran muchas de las especies más raras y salvajes del continente.

Hacia el norte, entrando en Canadá, llegamos a las tierras dominadas por veranos cortos y frescos e inviernos largos y fríos. Aquí los animales fuertes del Ártico tienen que competir no solo entre ellos, sino también con el clima y el entorno. Desde Florida hasta Alaska, de los aligátores a los osos polares: el viaje a través América del Norte está lleno de peligro, conflictos… y muchas sorpresas.

Aligátor americano

También llamado caimán, este predador gigante, uno de los reptiles más grandes de la región, se encuentra en los límites más recónditos del sur de Estados Unidos. Estos carnívoros territoriales muerden casi cualquier cosa que esté a su alcance y figuran entre los grandes caníbales del reino animal.

Crías
Cuando todavía son muy jóvenes, las crías van enganchadas al lomo de su madre para protegerse.

Pies
Los pies palmeados son ideales para propulsarse rápidamente por el agua. También les resultan útiles a los aligátores durante la época de cría, cuando la hembra los utiliza a modo de pala para construir el nido donde permanecerán los huevos.

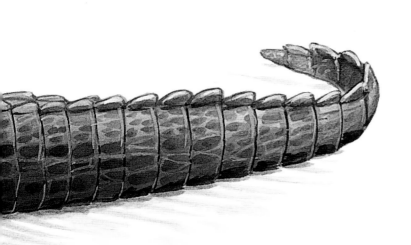

Características	ORDEN: *Crocodylia* / FAMILIA: *Alligatoridae* GÉNERO Y ESPECIE: *Alligator mississippiensis*
PESO	Hasta 250 kg
LONGITUD	Macho hasta los 6 m en el pasado, ahora con 4 m se considera grande; la hembra es más pequeña
MADUREZ SEXUAL	A los 10-12 años en estado salvaje; en cautividad es antes
ÉPOCA DE CRÍA	Primavera
NÚMERO DE HUEVOS	35-50 por nidada
PERIODO DE INCUBACIÓN	60-70 días
INTERVALO ENTRE NACIMIENTOS	1 a 3 años
DIETA	Pájaros, mamíferos pequeños, serpientes, peces, tortugas
ESPERANZA DE VIDA	Hasta 30 años

Dientes

Los dientes de un aligátor crecen de un modo continuo. Los dientes viejos y desgastados acaban por ser sustituidos cuando los nuevos les empujan desde abajo.

Comparaciones

Los cocodrilos americanos se encuentran en las zonas situadas más al sur de Norteamérica, y hasta Ecuador y Colombia. Con frecuencia comparten espacio con los aligátores; algunas veces puede verse a ambos juntos tomando el Sol a orillas de los ríos durante los calurosos meses del verano. Comparado con el aligátor, el cocodrilo americano tiene la cabeza más en forma de cuña y el cuerpo es un poco más esbelto. Esto le permite ser más rápido cuando están dentro del agua. Por lo tanto, no debe sorprender que la dieta del cocodrilo sea más acuática que la que sigue el aligátor.

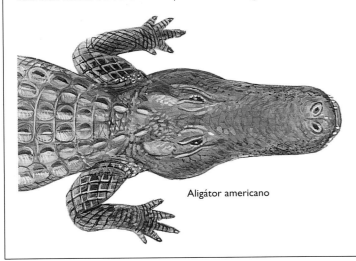

Aligátor americano

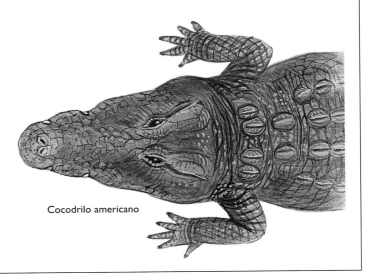

Cocodrilo americano

El aligátor americano es mucho más grande que la única otra especie existente en el mundo, el aligátor chino. Es posible que no sea tan grande como el cocodrilo americano, pero este dinosaurio moderno ha llegado a medir 5,7 m.

¿CUÁNDO UN COCODRILO ES UN ALIGÁTOR?

Ya que están muy relacionados con los cocodrilos, no debe sorprender que los aligátores se parezcan tanto a estos animales. Sin embargo, se pueden identificar fácilmente por los dientes y la forma de la cabeza.

Cuando un cocodrilo cierra la boca, el cuarto diente de la mandíbula inferior, que es más largo que los demás, queda a la vista. En un aligátor este diente se aloja en un surco de la mandíbula superior, por lo que queda oculto cuando las mandíbulas están cerradas. La cabeza del aligátor es más corta y tiene el hocico más redondeado y romo, lo que le hace parecer que tiene una sonrisa permanente tan ancha como su boca. Sin embargo, este rasgo congénito es engañoso. En los pantanos y Everglades de Florida, los aligátores americanos se encuentran en la cúspide de la cadena alimentaria. Cuando son crías, es posible que no coman nada más sustancial que insectos y gambas, pero a medida que crecen van siendo capaces de atacar presas más grandes. Nadie sabe con seguridad cuánto tiempo puede vivir un aligátor americano, pero se sabe que algunos tienen 50 años por lo menos, cuando son lo suficientemente grandes como para atacar al ganado, a ciervos y a caballos. Del análisis de los restos de animales encontrados en los estómagos de aligátores más viejos se deduce que también

mantienen alto su suministro de proteínas comiéndose a sus crías. Al igual que los demás grandes carnívoros, los aligátores no necesitan comer todos los días. Esto les deja mucho tiempo para entregarse a su pasatiempo favorito, que es tumbarse a tomar el Sol en las orillas de los ríos. Los aligátores parecen disfrutar tanto de ello que los grupos pueden modelar la orilla del río y crear sus propias lagunas pequeñas por su constante rodar en el lodo. El canibalismo

Hábitats del aligátor

es un peligro tan real que los aligátores que se reúnen en grupo para tomar el Sol son todos son del mismo tamaño para que ninguno de ellos pueda doblegar a otro.

CONSTRUCCIÓN DEL NIDO

A menudo un aligátor enfadado rugirá a su oponente para avisarle de que se aleje, pero estas espantosas llamadas también se utilizan por otra razón: atraer a una pareja. La competencia por criar durante el verano es intensa, y los machos luchan unos contra otros por conseguir el predominio. Estos rugidos, a los que se añade un olor almizclado, atraen a las hembras. Una vez que los aligátores se han apareado, la hembra construye el nido usando sus mandíbulas para desplazar el barro y la vegetación. Una vez terminado, el nido terminado es una construcción impresionante de unos 90 cm de altura. No solo sirve para mantener a salvo los huevos (entre 20 y 60), sino que la vegetación podrida los mantiene calientes. Los huevos tardan en eclosionar 2-3 meses y durante ese tiempo la hembra los protege con devoción.

EN BUSCA DEL SOL

Hay una historia muy conocida sobre las alcantarillas de Nueva York infestadas de aligátores. La historia se remonta a las décadas de 1970 y 1980, cuando se puso de moda tener estas crías como mascotas. Cuando los dueños se cansaban de ellos, echaban las mascotas a las alcantarillas, donde crecían bien a costa de las ratas y, en alguna ocasión, ¡de algún pobre trabajador de mantenimiento! Estos cuentos podrían hacer sonreír en Nueva York, pero en Florida los aligátores no son precisamente motivo de risa. Los canales de drenaje excavados para evitar inundaciones en zonas residenciales se han convertido en autopistas para el aligátor. Tanto en las calles como en los desagües de las tormentas, en los campos de golf o en las piscinas, los aligátores se encuentran entre los visitantes más asiduos y menos deseados del llamado Estado del Sol. La mala noticia es que, aunque los humanos no son presas naturales para ellos, hasta un pellizco de un aligátor puede ser suficiente para matar.

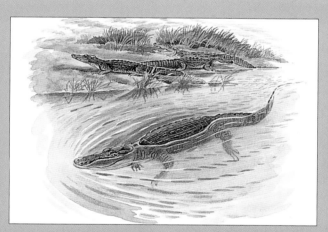

La época de cría empieza en el inicio de la primavera, después de que los aligátores han salido de su sueño invernal.

El macho ruge, tanto para avisar de que se alejen rivales potenciales como para atraer a las hembras receptivas.

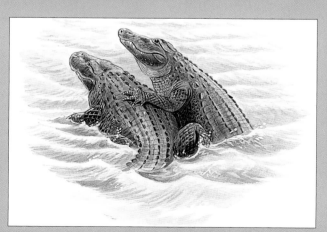

El macho frota su cabeza contra el lomo de la hembra y después juntos hacen círculos en el agua.

En aguas poco profundas el macho sujeta a la hembra con una extremidad delantera y una trasera y se aparean.

Glotón

El glotón o carcayú es un animal muy agresivo. Si se presenta la oportunidad, un glotón atacará prácticamente a cualquier animal. En una sorprendente demostración de ferocidad y poder, un glotón macho que pese solo entre 11 y 18 kg cazará a un caribú adulto de entre 113 y 320 kg.

Mandíbulas
Unas mandíbulas grandes y musculosas le proporcionan al glotón un mordisco increíblemente fuerte. Pueden atravesar la carroña congelada con facilidad.

Características	ORDEN: *Carnivora* / FAMILIA: *Mustelidae* GÉNERO Y ESPECIE: *Gulo gulo*
Peso	7-34 kg
Longitud	
Cabeza y cuerpo	66-104 cm
Cola	16,5-25 cm
Madurez sexual	Entre los 2 y los 3 años
Época de apareamiento	Primavera y verano
Periodo de gestación	Unos 9 meses, incluyendo el tiempo para la implantación retardada
Número de crías	1 a 5, generalmente de 2 a 4
Intervalo entre nacimientos	2-3 años
Dieta	Carroña, pájaros y sus huevos, lemmings, ovejas salvajes, caribús, nueces y fruta
Esperanza de vida	Hasta 17 años en cautividad; 13 en estado salvaje

Pies

Los pies anchos y las enormes uñas curvadas en forma de daga proporcionan al glotón un mejor agarre en el hielo: ¡una versión propia y natural de los crampones!

Hábitats del glotón

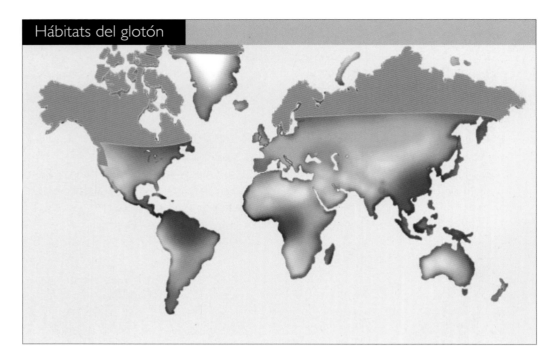

L os nativos de América del Norte veneraban al glotón. En sus historias se refieren a él como al gran «héroe embustero» del mundo de los espíritus. En el mundo real el glotón también es muy de sorprendente.

¡Maravilla de Marvel!
El ilustrador de la vida salvaje y naturalista Ernest Seton (1860-1946) hizo esta descripción del glotón: «Imagínese una comadreja… y la mayoría de nosotros puede hacerlo porque nos hemos encontrado a este pequeño demonio de destrucción, ese pequeño átomo de valor irracional, ese símbolo de la carnicería… imagínese esa furia demoníaca, multiplique ese ácaro por cincuenta y tendrá el retrato de un glotón».

Aunque Seton no fuera precisamente un admirador del glotón, fue bastante exacto en su valoración de las cualidades

que convierten al glotón en un predador tan peligroso como eficaz. Los glotones son feroces y valientes. Aunque disfrutan de una dieta variada a base de pequeños mamíferos, pájaros, carroña y, de vez en cuando, plantas y bayas, de un modo regular cazan animales que miden hasta diez veces más que ellos. A cualquiera que le resulte familiar el personaje de Lobezno de Marvel Comics sabrá que tiene unas garras impresionantes. Los glotones reales están igual de bien dotados y utilizan sus enormes uñas curvadas en forma de daga con gran efectividad cuando cazan. Saltando sobre el lomo de un caribú, el glotón clavará después sus garras y empezará a cortar la carne del animal. Una vez que el venado cae al suelo, vencido por el golpe y la pérdida de sangre, el glotón desgarrará la carne y enterrará trozos grandes en la nieve para comérselos más adelante.

El problema de la nieve
El glotón es el miembro más grande de la familia Mustelidae, que incluye comadrejas, nutrias, tejones y mofetas. De constitución fuerte, con un aspecto parecido al de un osezno, el glotón ha establecido su hogar en el norte, ligado a la nieve, sobre todo en el Yukón, Alaska y los Territorios Noroccidentales, además de en algunas partes del norte de Europa.

Los registros fósiles muestran que antes había glotones en territorios más amplios y se cree que sus antepasados fueron

Comparaciones

Comadrejas, nutrias, tejones, mofetas y glotones pertenecen todos a la familia *Mustelidae*, llamada así por el fuerte olor a almizcle que desprenden. Además de esta desagradable característica, los miembros de esta familia comparten otras muchas. Todos ellos, por

ejemplo, suelen ser predadores rápidos y activos. También tienen, por lo general, cuerpos esbeltos, patas cortas y cabezas pequeñas. El miembro de menor tamaño de la familia es la comadreja, mientras que el glotón y la nutria marina se encuentran entre los más grandes.

Nutria marina   Glotón   Marta americana   Comadreja «empujados» hacia los extremos del Ártico cuando los colonos humanos entraron en sus hábitats. No obstante, se han adaptado perfectamente a las exigencias de la supervivencia en el Ártico. Su pelaje, por ejemplo, es grueso y brillante, perfecto para retener el calor. Sus patas son cortas y caminan como los plantígrados. La mayoría de los animales andan sobre los dedos del pie pero, al igual que los humanos y los osos, el glotón apoya todo el pie en el suelo, lo que le ofrece mejor tracción, especialmente sobre superficies heladas o irregulares. Su cráneo y sus mandíbulas también son muy apropiados para vivir en el hielo. Sus mandíbulas y su cráneo también son tan fuertes que pueden atravesar carroña congelada con facilidad.

NACIMIENTO Y MUERTE

Normalmente la vida de un glotón es bastante solitaria, excepto durante la época de cría, cuando los machos tienden a estar cerca de las hembras. Al igual que los osos polares, las hembras del glotón pueden aprovecharse de la implantación retardada para asegurar que sus camadas de dos o tres crías nazcan en el momento oportuno. Esto suele ocurrir en el inicio de la primavera, cuando abunda la comida, lo que permite que los jóvenes glotones estén destetados y más cerca de ser adultos cuando llegue el momento de enfrentarse al reto de su primer invierno. Los cachorros nacen con el pelo blanco, que cambia lentamente a marrón oscuro durante el curso del año. En general los ciclos de reproducción y el nacimiento coinciden con los periodos de abundancia de comida. Aún así, muchos cachorros mueren de hambre antes de destetarse.

Los glotones adultos son tan feroces que tienen pocos enemigos naturales (generalmente solo pumas y osos se arriesgan a capturarlos). Sin embargo, los humanos también representan una auténtica amenaza: en el pasado se solían matar glotones por su piel, e incluso hoy en día todavía sufren el peligro de convertirse en trofeo de cazadores y granjeros.

Empleando su agudo sentido del olfato como guía, el glotón busca a su presa en una zona amplia, donde localiza a un caribú.

En la nieve profunda, las garras anchas del glotón actúan como raquetas de nieve, dándole una ventaja clara sobre muchas presas.

Incapaz de huir por la nieve profunda, el caribú se encuentra indefenso cuando el glotón salta sobre él y le muerde fuertemente el cuello.

Exhausto por el esfuerzo y la pérdida de sangre, el caribú muere. Después de comer, el glotón desmembrará el resto de la carne y la enterrará para volver a comérsela más adelante.

Monstruo de Gila

El monstruo de Gila tiene una fama terrible por ser
el lagarto más grande de Estados Unidos.
No obstante, mucho de lo que creemos
saber sobre este carnívoro de agresiva
apariencia está basado en el mito
y la superstición. A pesar de ser
uno de los pocos lagartos
venenosos del mundo, el
monstruo de Gila tal vez no sea
tan peligroso como creemos.

Características	ORDEN: *Squamata* FAMILIA: *Helodermatidae* GÉNERO Y ESPECIE: *H. suspectum*
PESO	4,5-5 kg
LONGITUD	40-55 cm
MADUREZ SEXUAL	A los 3-4 años
ÉPOCA DE APAREAMIENTO	Primavera
NÚMERO DE HUEVOS	De 3 a 13
PERIODO DE INCUBACIÓN	Entre 117 y 130 días
INTERVALO ENTRE NACIMIENTOS	1 año
DIETA	Mamíferos jóvenes y pájaros, también los huevos de pájaros y reptiles
ESPERANZA DE VIDA	Unos 20 años

Piel

La vida en el desierto seco puede
ser realmente muy dura. Para
ahorrar fluidos vitales, el cuerpo del
monstruo de Gila está cubierto
de escamas en forma de cuentas
que evitan una innecesaria pérdida
de humedad.

Lengua

Como muchos miembros de la familia de los lagartos, el monstruo de Gila utiliza la lengua cuando caza, moviéndola en el aire para captar el olor de su presa.

Boca

Con conductos llenos de veneno y unos diez dientes afilados e introducidos en estrías en cada una de las mandíbulas, la boca del monstruo de Gila es sin duda su arma más eficaz para cazar a sus presas.

Comparaciones

Los lagartos varían en su tamaño y agresividad. El lagarto de lentejuelas y el lagarto de Gila son pequeños si se les compara con el monitor asiático o con el gigantesco dragón de Komodo, pero se les considera peligrosos porque son las únicas dos especies que producen veneno.

Lagarto de lentejuelas

Monstruo de gila

Monitor asiático

El monstruo de Gila se encuentra principalmente en los estados de Utah y Nuevo México y también se le ha visto al sur de Nevada y California; por lo tanto, su distribución es muy extensa. Existen dos subespecies: el monstruo de Gila rayado, que se suele encontrar con más frecuencia en el norte, y el monstruo de Gila reticulado, que prefiere el sur. Sin embargo, su característico dibujo coloreado es tan variable que no siempre es posible identificar claramente esta subespecie.

CUENTOS CHINOS

Cuando alguien parece más agresivo de lo que realmente es, solemos decir de él que es «perro ladrador, poco mordedor». Esto es totalmente cierto en el caso del monstruo de Gila. En el siglo XIX se creía que cuando mordía a su presa, no la soltaría hasta el anochecer. También se aceptaba en general la idea de que su aliento era venenoso. En la publicación *Scientific American* de 1890, un científico comentaba que «el aliento es muy fétido y… se cree que es uno de los procedimientos por los que el monstruo atrapa… su comida… el gas fétido les vence». Otro científico de 1907 declaró: «Aquí, los antiguos colonos conocen muchos casos de envenenamiento causado por el monstruo de Gila cuyo efecto fue la muerte». Al igual que el dragón de Komodo, tiene mandíbulas fuertes (y mal aliento) pero ninguno de esos cuentos de los antiguos colonos es cierto.

De hecho, incluso el veneno de un Gila puede resultar bastante ineficaz ya que no tiene un medio directo de inyectar el veneno en sus víctimas. Cuando muerde, el veneno se expele de glándulas venenosas situadas a ambos lados de las mandíbulas y se filtra por las estrías en las que están los dientes. Pero es poco probable que sea mortal para un humano. Tampoco el veneno es necesariamente mortal para su presa, que en realidad sucumbe por la conmoción.

Hábitats del monstruo de Gila

COLA GRUESA

Un monstruo de Gila se encuentra como en casa en un ambiente fresco y húmedo. No obstante, ha sido capaz de establecer su hogar en los desiertos del sur de Estados Unidos gracias a algunas adaptaciones únicas. La mayor parte de la vida del monstruo de Gila transcurre en madrigueras bajo tierra. Sin embargo, como son diurnos, el único modo de evitar el calor del Sol de mediodía es restringir su periodo de actividad a los meses más frescos del año, sobre todo en primavera. Durante unos tres meses salen de sus madrigueras para aparearse y alimentarse, después de lo cual vuelven a meterse bajo tierra. El monstruo de Gila puede comer hasta una tercera parte del peso de su cuerpo en una única comida. Solo cuatro de estas inmensas comidas son suficientes para todo el año, y pueden comer más de lo que necesitan para sobrevivir en estos meses. Estas reservas de alimento se almacenan después en forma de grasa en la cola del gila. Por lo tanto, es fácil saber si un monstruo de Gila está sano y bien alimentado. ¡Es el que tiene la cola rechoncha!

COMIDA LENTA

Todo lo que se refiere a la forma de vida del monstruo de Gila está destinado a ahorrar energía, ya que cuanto más activo es, con más frecuencia tendrá que salir de su fresca madriguera para comer. Esto les convierte en buscadores de comida natos más que en cazadores. La presa preferida del Gila es la que no puede alejarse corriendo. Los primeros puestos de su dieta lo ocupan las crías de pájaro y los pequeños reptiles, insectos y huevos.

Cuando buscan alimento, es posible que cubran grandes extensiones de terreno para encontrar comida suficiente. Por suerte sus momentos de más actividad coinciden con los periodos en los que hay más provisiones. En primavera es cuando el colín de Gambel pone sus huevos en el suelo. ¡Más que suficiente para un monstruo de Gila hambriento!

El monstruo de Gila utiliza su lengua para detectar el olor de una presa en la zona.

Reconociendo en el aire el olor de un tapetí del desierto, el monstruo de Gila se acerca.

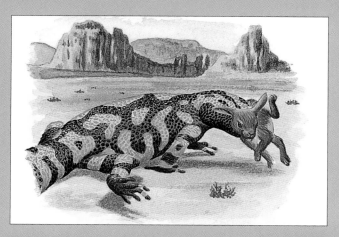

El lagarto agarra a su presa con sus fuertes mandíbulas hasta que el conejo empieza a sucumbir a la saliva venenosa.

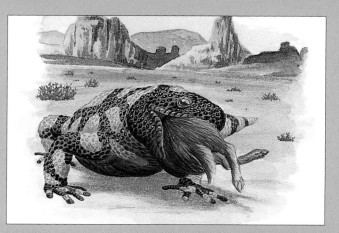

El monstruo de Gila se come a su víctima entera después de que esta ha muerto debido al golpe o al mordisco venenoso.

Oso pardo

Características	ORDEN: *Carnivora* / FAMILIA: *Ursidae* GÉNERO Y ESPECIE: *Ursus arctos horribilis*	
PESO	225-320 kg	
LONGITUD	1,5-2,5 m	
ALTURA DESDE LOS HOMBROS	90-105 cm	
MADUREZ SEXUAL	A los 2-3 años	
ÉPOCA DE APAREAMIENTO	Primavera y principios del verano	
PERIODO DE GESTACIÓN	Unos 225 días	
NÚMERO DE CRÍAS	1 a 4, normalmente 2	
INTERVALO ENTRE NACIMIENTOS	2-3 años	
DIETA	Variada: nueces, bayas, raíces, insectos, vertebrados pequeños, peces y carroña	
ESPERANZA DE VIDA	Hasta 25 años	

El oso es un cazador hábil y fuerte que puede correr a 56 km/h y derribar a un mamífero grande, incluso a un humano, de un solo golpe. Por naturaleza no comen seres humanos, pero atacarán con ferocidad si se sienten amenazados.

Zarpas

El oso, al igual que el ser humano, es uno de los pocos animales que puede caminar sobre las plantas de sus pies en vez de sobre los dedos.

Dientes

El oso pardo es omnívoro (come
animales pero también vegetales),
por lo que está equipado con
dientes que pueden moler pero
también desgarrar.

Comparaciones

A pesar de resultar raros en Europa, todavía son relativamente comunes en las grandes extensiones de América del Norte. En general, el tamaño de los osos suele ser mayor a medida que se avanza hacia el norte. Por lo tanto, el oso negro americano, que se encuentra en zonas boscosas de Norteamérica, es de los más pequeños del continente, mientras que el oso polar, presente en Alaska y Siberia, es el más grande.

Oso negro americano   Oso pardo   Oso polar

L os osos pardos se llaman así por el color de su pelaje, por lo general marrón con las puntas blancas, lo que les hace parecer canoso. De una fuerza inmensa, los osos pardos se pueden diferenciar de otros osos por su tamaño, una joroba entre los hombros y unas largas garras curvadas.

ATLETA COMPLETO

Como la mayoría de los miembros de la familia *Ursidae*, los osos pardos son omnívoros. Consiguen buena parte de su energía de raíces, bulbos y tubérculos, que extraen excavando con sus largas garras. Sin embargo, como necesitan comer para vivir, criar e hibernar, es raro que un oso pardo rechace cualquier comida que encuentre disponible, la cual incluye carne, carroña e incluso desperdicios. Todos los osos poseen un increíble sentido del olfato y si se deja comida abandonada, rápidamente atraerá su atención (tanto que a los campistas se les aconseja que mantengan bien alejado de sus zonas destinadas a dormir todo aquello que desprenda olor para evitar encuentros no deseados con osos que van rebuscando).

Los largos y fríos meses de invierno, cuando escasea el alimento, suponen el mayor reto de supervivencia para la mayoría de los animales. La solución de muchos es hibernar (un estado de somnolencia durante el cual el animal disminuye su temperatura corporal y ritmo cardiaco para ahorrar energía). Los zoólogos tienen opiniones divididas sobre si los osos caen en una completa hibernación o simplemente se mantienen inactivos durante unos meses. Sea cual sea la respuesta, este periodo de sueño prolongado es algo para lo que un oso pardo tiene que estar bien preparado (y es aquí donde interviene su naturaleza omnívora).

CUENTA ATRÁS PARA HIBERNAR

Durante la hibernación el oso pardo puede quemar un millón de calorías. En la primavera, cuando están preparados para abandonar sus guaridas, tal vez hayan perdido un tercio del peso de su cuerpo; por lo tanto, es importante empezar a acumular calorías de inmediato. Por suerte, los osos pardos están bien equipados para aprovecharse de una amplia variedad de «golosinas» de temporada. En primavera las raíces y la hierba componen la base de su menú y también hay disponibilidad de carne fresca. Los osos pardos salen a cazar, siguen el rastro de presas como cervatillos y los persiguen con sorprendente velocidad y agilidad. El verano les ofrece plena abundancia de salmón cuando este pez nada corriente arriba para desovar. Los osos pardos son pescadores expertos; pueden

Hábitats del oso pardo

cazar una docena de salmones en un día, lo cual añade valiosas proteínas a su dieta. En otoño los osos se concentran en las bayas y nueces para ampliar su base de calorías. Cuando llega el invierno, este comensal versátil estará de nuevo preparado para dormir durante las largas noches oscuras.

EN PELIGRO

En el pasado los nativos americanos solían cazar osos pardos para comer, bien cavando trampas o bien cazándolos a lazo desde un caballo, tal y como describió Nelson Lee en su memorable historia de vida en el páramo, *Tres años entre los comanches*, de 1859:

«Parte del equipo del indio es el lazo… y en la habilidad… con la que lo lanzan, supera en mucho a los mexicanos. En esta ocasión… dos de ellos salieron al galope, uno tiró con destreza el nudo corredizo por encima del cuello de Bruin y dio un tirón sobre su lomo… el otro lanzó otro nudo sobre

las patas traseras, sujetándolo así en una posición de lo más incómoda mientras tiraba cada uno en una dirección».

En otros tiempos los osos pardos vagaban a través de América, desde el Círculo Polar Ártico hasta México. Sin embargo, a medida que los colonos se asentaron en los territorios de los osos pardos, estos fueron siendo exterminados, y no para conseguir comida sino simplemente porque eran considerados molestos. Ahora han desaparecido en gran parte de sus antiguas áreas de distribución, a excepción de los parques nacionales como el de Yellowstone, «zonas de recuperación» como Bitterroot y en el extremo norte de Alaska, Columbia británica y el Yukón. De todos modos, todavía los matan de un modo regular los cazadores de trofeos. Los osos pardos se reproducen de un modo lento y es posible que no tengan oseznos si escasea la comida. Por consiguiente, existe una verdadera preocupación de que lleguen a desaparecer del todo muy pronto.

En primavera, cuando los salmones intentan nadar contra corriente, los osos se meten en los ríos y esperan a que los peces salten.

Algunos osos esperan con la cabeza cerca del agua, la boca abierta y muerden al salmón cuando salta. Ya no habrá escapatoria para él.

Otros prefieren lanzar todo su cuerpo hacia el pez antes de que este tenga la oportunidad de saltar y se encuentre desprevenido al caer sobre él.

La carne del salmón es rica en proteínas y la piel tiene un alto contenido en grasa, perfecto para rellenar sus reservas después de la hibernación.

Oso polar

El oso polar es el carnívoro terrestre más grande del mundo. Rápido, fuerte y ágil, un oso polar puede correr a más de 56 km/h, nadar a 10 km/h y saltar desde el agua a una sorprendente distancia de 2,13 m cuando sale a buscar comida.

Lucha de osos polares
En el Polo Norte congelado los recursos pueden llegar a escasear, provocando que las luchas entre osos sean realmente feroces y sangrientas.

Características	ORDEN: *Carnivora* / FAMILIA: *Ursidae* GÉNERO Y ESPECIE: *Ursus maritimus*
PESO	Macho hasta 725 kg; hembra hasta 249 kg
LONGITUD	De 2,4 a 3 m
MADUREZ SEXUAL	Normalmente a los 4 o 5 años; la mayoría de los machos no se aparean hasta los 8 o 10 años
ÉPOCA DE APAREAMIENTO	Principalmente en primavera
PERIODO DE GESTACIÓN	Entre 195 y 265 días, que incluyen el periodo de implantación retardada
NÚMERO DE CRÍAS	De 1 a 4, normalmente 2
INTERVALO ENTRE NACIMIENTOS	Entre 3 y 4 años
DIETA	Focas, especialmente la foca ocelada
ESPERANZA DE VIDA	Hasta 30 años, pero normalmente entre 15 y 18 años

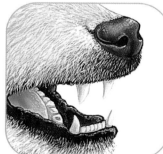

Dientes

Los osos polares están bien equipados para una dieta casi exclusiva de carne. Entre sus 42 dientes se encuentran cuatro grandes caninos para atravesar la carne.

Garras

A modo de raquetas de nieve, las enormes garras de un oso polar le ayudan a distribuir su peso sobre el hielo.

Los osos polares son los miembros más carnívoros de la familia de los osos. Tal y como muestran sus largos y afilados dientes, viven casi exclusivamente de una dieta de carne. Estos enormes mamíferos encabezan la lista de predadores del Ártico, aunque los ataques a los humanos son, gracias a Dios, raros.

¡FORRO CALENTITO!

La vida en los lugares más septentrionales del hemisferio norte puede suponer un reto, pero el oso polar está extraordinariamente bien adaptado para sobrevivir en los fríos límites helados de Rusia, Groenlandia, Canadá y Alaska, donde tiene su hogar.

En estas regiones las temperaturas descienden rápidamente, pero el cuerpo de un oso polar está tan bien aislado que cuando corre se halla en peligro de asfixiarse de calor. La razón es la extraordinaria estructura de su cuerpo. La parte más

externa es una capa doble de pelo: una interna de pelos blancos y finos, y otra externa compuesta de pelos largos protectores que están huecos para proporcionar más flotabilidad en el agua. Debajo del pelo está la piel, que es negra porque este color es más eficaz para absorber el calor que el blanco. Debajo de estas capas protectoras hay una última capa de aislamiento compuesta de grasa que puede medir hasta 10 cm de grosor. De hecho, el cuerpo del oso polar es tan bueno reteniendo el calor que, si fuéramos a grabarlo utilizando una cámara sensible al calor, sería casi invisible.

PERFECTAMENTE ADAPTADO

El nombre científico del oso polar es *Ursus maritimus,* que significa «oso de mar», ya que son excelentes nadadores. Pasan la mayor parte de su vida en las zonas costeras del Ártico, donde se les suele ver con frecuencia subidos a las placas de hielo que van flotando. En el hielo el oso polar no

El oso polar localiza una excelente comida: una foca arrastrándose por el hielo. El oso evalúa el terreno para encontrar la mejor manera de atacar.

El oso se acerca nadando lentamente por el canal abierto en el hielo, manteniendo su perfil bajo para no ser visto mientras acorta la distancia.

Atrapada por sorpresa, la foca no tiene oportunidad de escapar cuando el oso polar salta sobre el hielo de forma muy rápida.

El oso polar arrastra a la foca para llevársela y comerse su grasa y su carne. Para que un oso polar pueda mantener su peso tiene que consumir una foca cada seis días.

es tan ágil ni tan veloz como el oso pardo, pero en el agua compensa estas limitaciones. Usando sus poderosas garras delanteras palmeadas para propulsarse hacia delante, el oso polar puede nadar 96 km sin descansar.

Vivir en condiciones tan extremas requiere mucho alimento para mantenerse caliente, incluso para un animal con un cuerpo tan eficaz como el del oso polar. Para sobrevivir, un oso de tamaño medio tiene que comer 2 kg de grasa cada día. Una foca adulta puede proporcionarle al oso polar calorías suficientes para una semana, razón por la que se encuentra entre las comidas favoritas de este gran carnívoro.

Al ser excelentes nadadores, los osos polares no tienen ningún problema para cazar en el agua, pero han aprendido que el mejor modo de conseguir comida es con un poco de paciencia. Las focas hacen docenas de agujeros en el hielo, que utilizan para salir al aire. El sentido del olfato de un oso polar es siete veces más agudo que el de un perro sabueso y le permite detectar una foca a través de 1 m de hielo. Por tanto, todo lo que tiene que hacer un oso polar hambriento es oler a las focas de la zona y esperar en un agujero de respiración a que salgan a la superficie.

PADRES PRÁCTICOS

De todas las adaptaciones del oso polar, quizás la más sorprendente sucede durante el apareamiento. Los osos polares se aparean en primavera y verano, pero es posible que hasta meses después no esté preñada «oficialmente». Un proceso llamado implantación retardada significa que pueden pasar seis meses hasta que un óvulo fertilizado (célula huevo) se una a la pared del útero, donde se desarrollará la cría.

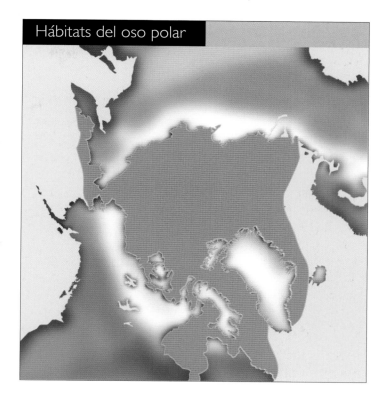

Hábitats del oso polar

A diferencia de los machos, las osas polares pasan largos periodos de tiempo durmiendo durante el invierno. Si la hembra no gana peso suficiente antes de que esto ocurra, el embrión no se unirá al útero. Esta impresionante forma de control de natalidad asegura que la hembra solo quede preñada cuando hay comida suficiente para mantenerse ella misma y sus oseznos.

Comparaciones

Algunas veces ser grande puede ser un inconveniente. El oso polar blanco necesita una inmensa cantidad de comida para mantener caliente su enorme cuerpo. El zorro ártico ahorra energía por ser pequeño. Sin embargo, ambos animales disfrutan de la ventaja de poseer un aislamiento apropiado.
Como el oso polar, el zorro está cubierto de una capa de pelo espesa que le protege del frío.

Zorro ártico

Oso polar

Puma

Los pumas son maestros de la emboscada. Desde una posición agazapada, un puma adulto emplea sus fuertes patas traseras para abalanzarse sobre su presa y saltar 4,5 m desde el lugar en que se encuentra; si está corriendo, puede superar los 13,7 m. Esta capacidad atlética se desperdicia pocas veces: el 80% de los ataques acaba en muerte, lo que convierte al puma en un predador mortal.

Ojos

Por lo general, las especies que son presas de otras tienen los ojos situados a cada lado de la cara, lo que les proporciona un amplio campo de visión. En su condición de cazadores, los pumas tienen los ojos en la parte delantera, característica que les permite focalizar mejor su presa.

Boca

Las estrías del paladar de un puma le ayudan a apretar mejor a su presa.

Patas

Los pumas tienen los músculos de las patas largos y fuertes y también una proporción ideal de tamaño-peso, lo cual les convierte en unos predadores rápidos y eficientes.

Características

ORDEN: *Carnivora* / FAMILIA: *Felidae*
GÉNERO Y ESPECIE: *Felis concolor*

PESO	Macho: 65-105 kg
	Hembra: 35-60 kg
LONGITUD	
CABEZA Y CUERPO	Macho: 1-1,9 m
	Hembra: 0,9-1,5 m
COLA	50-80 cm
HOMBRO	60-70 cm
MADUREZ SEXUAL	A los 2-3 años
ÉPOCA DE APAREAMIENTO	Varía según el hábitat
PERIODO DE GESTACIÓN	Entre 90 y 95 días
NÚMERO DE CRÍAS	1 a 4
DIETA	Mamíferos, aves e insectos
ESPERANZA DE VIDA	20 años

Comparaciones

De aspecto parecido al de un gato grande y robusto, el gato de las pampas (al igual que el puma) se puede encontrar en hábitats muy variados, desde Ecuador hasta Argentina. El gato de las pampas también es un cazador nocturno pero, debido a su tamaño, prefiere presas pequeñas.

Puma   Gato de las pampas

Cuando los colonos europeos vieron por primera vez un puma, al parecer hubo cierta confusión con respecto a la especie a la que pertenecía. Cuando nacen, los cachorros de puma tienen manchas como las de un leopardo. Estas manchas desaparecen al cabo de medio año aproximadamente y dejan al puma con un pelaje casi monocromático, que es la razón por la que se le clasifica científicamente como *Felis concolor*, que significa gato de un color.

El juego de los nombres

A pesar de su clasificación científica, el puma tiene un pelaje cuya tonalidad varía dependiendo de a cuál de las 30 subespecies pertenezca. De hecho, los pumas pueden ser de cualquier color que vaya del gris plateado al marrón rojizo. La longitud del pelo también varía; es más corto en las regiones cálidas y más largo en el norte. Quizá esta sea una de las razones por las que se conoce al puma por tantos nombres, entre ellos tigre marrón, pluma púrpura, león plateado y, en el este de Estados Unidos, panteras,

denominación que se aplica a numerosos miembros de la familia felina, especialmente a las variedades negras.

Los pumas están ampliamente extendidos por Norteamérica, Sudamérica y América Central, aunque suelen preferir zonas montañosas, que es por lo que a este gran felino se le conoce por sus otros nombres, como el de gato de las montañas y cougar, que significa león de la montaña, ya que algunas personas creían que los pumas eran en realidad leonas africanas. Algunos de los nombres más desconcertantes que ha recibido el puma reflejan sus características físicas. Durante la época de cría, las hembras lanzan un rugido escalofriante para atraer a su pareja, de ahí el nombre de «rugidor de la montaña». Otros nombres hacen honor a su fama y proezas como cazador, como el de tigre venado, gato furtivo y demonio de la montaña. Hoy en día cougar, león de la montaña y puma son todos nombres aceptados.

Mensajes sucios

Los pumas son cazadores solitarios y, dependiendo de las condiciones, cada macho puede cubrir un territorio de hasta 260 km², que normalmente se superponen a territorios de varias hembras. Esto hace que los encuentros con otros machos sean raros, pero la mayoría de los pumas todavía se irán más lejos a marcar las fronteras de su espacio. Muchos animales machos hacen esto. Los pájaros usan el canto para declarar la «propiedad» de un territorio específico. Otros animales tienen glándulas de almizcle que frotan contra los árboles y rocas para hacer saber a los competidores que han pasado los límites. Los pumas marcan con olor, rociando orina a lo largo de los límites de su territorio. Algunas veces también amontonan hojas y tierra que marcan con heces. Esto puede sonar extraño, pero marcar las fronteras de su territorio tiene mucho sentido: mantiene alejados a intrusos y reduce los conflictos indeseados.

A diferencia de su presa, el puma llega a conocer su territorio a la perfección, ventaja de la que se aprovecha durante la caza.

El puma se acerca con cuidado al ciervo; a menudo se queda inmóvil durante un tiempo si el ciervo mira a su alrededor.

Hábitats del puma en todo el mundo

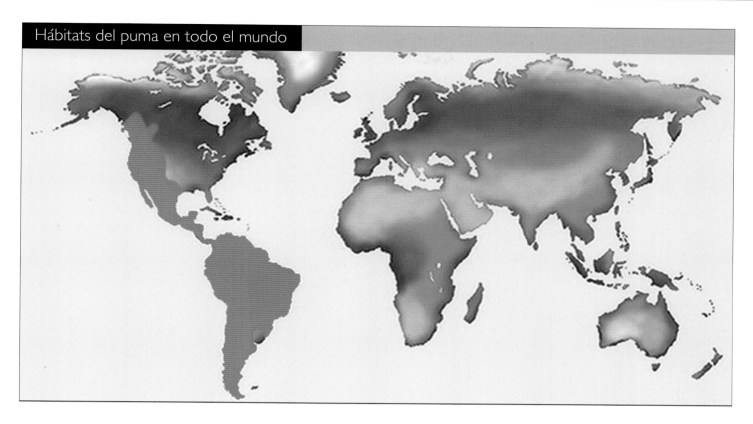

PREDADOR Y RIVAL

Como todos los miembros de la familia *Felidae*, los pumas son extraordinarios atletas, y mucha de su destreza y habilidad gimnástica la dedican a cazar. Los pumas comen una amplia variedad de animales, y se basan en las liebres, puercoespines y ratas para ingerir buena parte de sus calorías. Sus presas más comunes son los venados y los musmones, que suelen ser un poco más grandes que un puma macho adulto de tamaño medio. Y si surge la oportunidad, también atacan a ciervos canadienses, alces, caballos y ganado. En los últimos tiempos los pumas han sido responsables de la muerte de un número creciente de humanos en algunas zonas de California. El número de estos grandes felinos ha ido aumentando rápidamente desde que se aprobó la prohibición de su caza en 1972. Solo hay unos 6.000 pumas en dicho estado, pero la población humana ha aumentado en un 25% (hasta 30 millones) en la última década. Una vez más, los humanos están invadiendo zonas que antes eran territorios de animales salvajes y la muerte es la consecuencia inevitable.

Cuando el puma se acerca lo suficiente, salta de repente hacia el ciervo desprevenido.

Si el ataque inicial no rompe el cuello del ciervo, el puma cierra sus fauces alrededor de este y estrangula a su presa.

Serpiente de cascabel

La serpiente de cascabel diamantada occidental ha sido un símbolo de América desde la prehistoria. Se siente cómoda tanto en el agua como en el desierto o en las praderas. Este reptil grande está perfectamente adaptado para cazar y matar. Incluso los ejemplares más pequeños de esta especie están armados y son peligrosos ya que desde su nacimiento poseen los dientes y el veneno.

Cola de la hembra

El cascabel es la característica más destacada de la serpiente. Este dispositivo de aviso tan conocido suele ser más corto en las hembras que en los machos.

Dientes

En común con otros miembros de la familia de los viperinos, las serpientes de cascabel tienen dientes largos colocados en bisagras «elásticas». Estos se desplazan hacia delante cuando la serpiente abre la boca y se pliegan hacia atrás cuando la cierra.

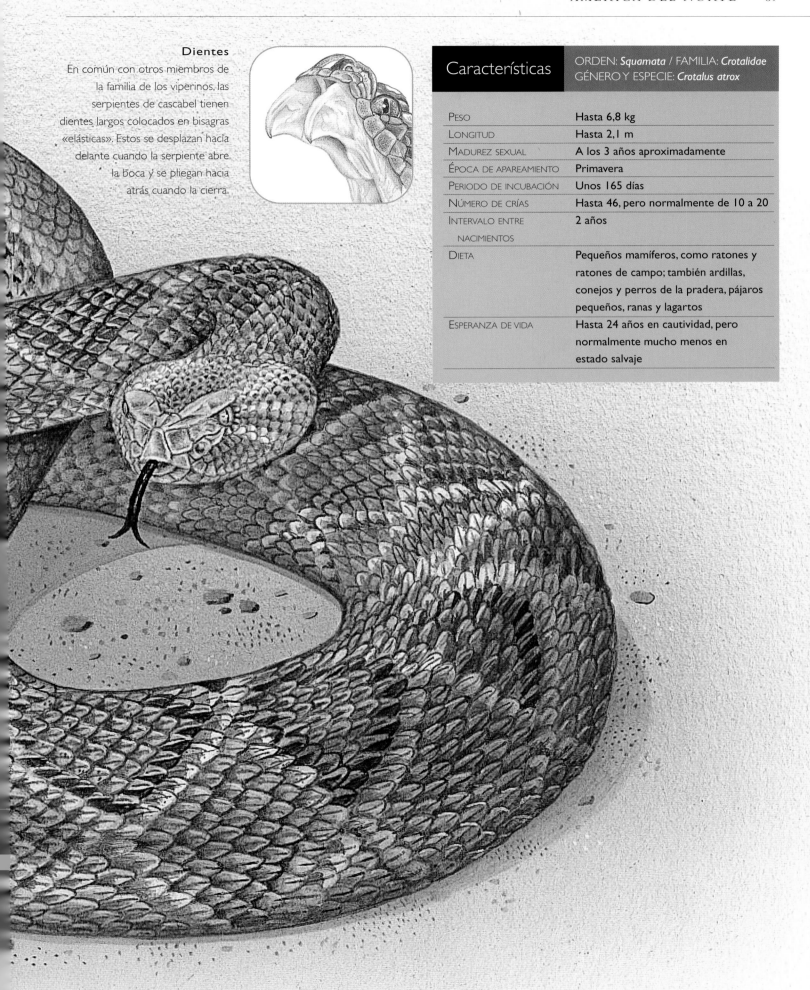

Características	ORDEN: *Squamata* / FAMILIA: *Crotalidae* GÉNERO Y ESPECIE: *Crotalus atrox*
PESO	Hasta 6,8 kg
LONGITUD	Hasta 2,1 m
MADUREZ SEXUAL	A los 3 años aproximadamente
ÉPOCA DE APAREAMIENTO	Primavera
PERIODO DE INCUBACIÓN	Unos 165 días
NÚMERO DE CRÍAS	Hasta 46, pero normalmente de 10 a 20
INTERVALO ENTRE NACIMIENTOS	2 años
DIETA	Pequeños mamíferos, como ratones y ratones de campo; también ardillas, conejos y perros de la pradera, pájaros pequeños, ranas y lagartos
ESPERANZA DE VIDA	Hasta 24 años en cautividad, pero normalmente mucho menos en estado salvaje

Comparaciones

Crótalo de las praderas

Boa de goma

Boa de la arena

Cobra de anteojos

A pesar de su habilidad cazadora, las serpientes son vulnerables a los animales de presa grandes. Para protegerse contra los predadores muchas han desarrollado sofisticadas técnicas defensivas. El cascabel de esta serpiente es un claro ejemplo de ello: tiene la función de intimidar a posibles amenazas. Cuando están acorraladas, la boa de goma y la boa de arena actúan de un modo aún más original: intentan distraer a su atacante ocultando la cabeza y agitando en el aire sus colas menos sensibles. Las cobras, por otro lado, recurren al soplido. Se levantan e inflan su capirote para parecer más grandes y peligrosas.

Al igual que otras serpientes de cascabel, la diamantada occidental habita entre pequeñas comunidades de conejos, ardillas o perros de las praderas, que suponen la mayor parte de su dieta. Además, esta predadora hábil y furtiva viaja a grandes distancias en pos de su comida, haciendo emboscadas y envenenando a sus víctimas antes de tragárselas enteras a continuación.

TENER MUCHOS HUMOS

La serpiente de cascabel diamantada occidental suele crecer entre 60 cm y 1,5 m de longitud. No obstante, como todas las serpientes, continúa creciendo durante toda su vida. Nadie sabe con seguridad cuánto puede vivir una serpiente de cascabel, pero las más viejas, de unos 15 o 20 años, pueden llegar a medir hasta 2,1 m. La razón por la que las serpientes pueden seguir creciendo es que mudan la piel con regularidad.

La piel de una serpiente está compuesta por miles de escamas secas. La capa de escamas exterior en realidad está muerta, pero debajo hay una capa viva, donde se forman las escamas nuevas para sustituir a las que se van desgastando. La frecuencia con la que una serpiente hace la muda de piel dependerá de su edad y de lo activa que sea. Los ejemplares jóvenes suelen crecer rápidamente durante los primeros años, y una serpiente de cascabel diamantada occidental puede mudar la piel dos o tres veces durante la primera etapa de su vida. Cada vez que muda la piel se añade un nuevo segmento al cascabel. Se solía pensar que el número de segmentos del cascabel de una serpiente podía indicar su edad. Pero el ritmo de muda varía y los cascabeles se dañan; por lo tanto, este método ya no se considera útil.

¡ALÉJATE DE AQUÍ!

Todas las serpientes de cascabel nacen con una punta en forma de hueso en el extremo de la cola llamada cascabel, que está hecha de queratina endurecida (la misma sustancia que forma el pelo y las uñas). Los cascabeles son completamente defensivos.

Hábitats de la serpiente cascabel diamantada occidental

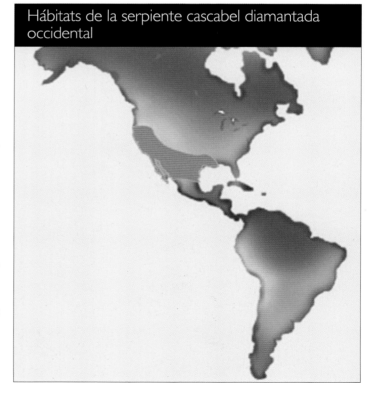

Tal vez las serpientes sean muy venenosas, pero miles de ellas mueren todos los años porque las pisan animales más grandes. Por tanto, cuando una serpiente de cascabel se alarma, silba muy alto y agita la cola para hacer sonar el cascabel y avisar a los demás de que se alejen de allí. Aunque las serpientes de cascabel muerden a más personas en Norteamérica que ninguna otra serpiente, a menudo sigue a este aviso un mordisco «seco» menos venenoso destinado a alarmar más que a envenenar. Las serpientes viejas que se encuentran en cautividad pueden tener cascabeles compuestos por más de 25 segmentos, pero cuanto más grande es el cascabel, más se ensordece su sonido y menos eficaz le resulta. La cantidad óptima de cascabeles es de ocho. Este producirá un sonido de aviso que puede oírse a un 1 m de distancia.

EXTRAS AÑADIDOS

Cuando una serpiente saca y mete su lengua bífida, no está intentando calmarse, tal y como haría un perro. Lo que está haciendo en realidad es oler el aire. La lengua de la serpiente es un instrumento muy sensible capaz de recoger diminutas partículas del aire. Estas se transfieren a unos órganos especializados llamados órganos de Jacobson, que se encuentran en el paladar. Los órganos de Jacobson transforman los productos químicos del aire en información sensorial que la serpiente puede emplear para seguir el rastro de una presa. Esto resulta muy útil para encontrar presas muertas que han envenenado con anterioridad.

Sin embargo, la serpiente de cascabel diamantada occidental, en común con muchas especies viperinas, tiene un órgano sensorial adicional que las convierte en cazadoras precisas y mortales. Estos órganos están localizados en unos huecos a cada lado de la cabeza. Al mover la cabeza de lado a lado, estos órganos pueden detectar el más mínimo cambio de temperatura del aire. Un lugar «caliente» significa invariablemente que hay un cuerpo vivo cerca. Estos órganos son tan eficaces que las serpientes de cascabel pueden incluso encontrar a su presa en la oscuridad, especialmente en madrigueras.

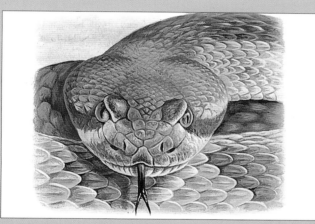

Cazadora nocturna hábil, la serpiente emplea varios procedimientos para localizar a sus presas. Entre ellos se encuentran la radiación infrarroja y el olor de los productos químicos, además de la vista.

La serpiente puede detectar el calor del cuerpo de la presa en la oscuridad de la noche a más de 50 cm de distancia, lo cual le da una clara ventaja sobre su víctima.

A una distancia de ataque, más o menos la mitad de la longitud total de su cuerpo, la presa ya no tiene ocasión de darse la vuelta y huir.

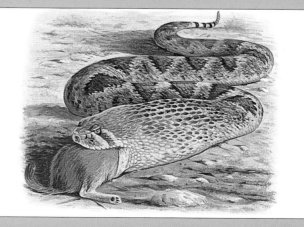

La dosis mortal de veneno es administrada a través de los largos dientes clavados en la víctima.

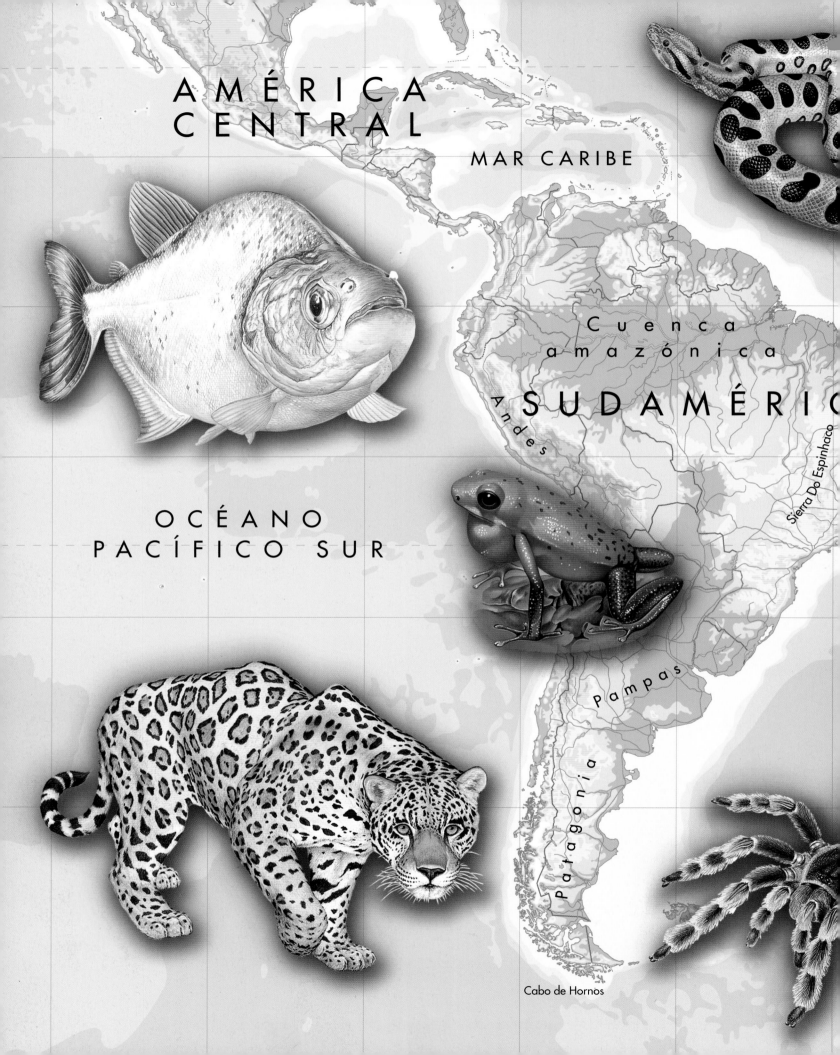

AMÉRICA
CENTRAL

MAR CARIBE

Cuenca
amazónica

SUDAMÉRIC

Andes

Sierra Do Espinhaço

OCÉANO
PACÍFICO SUR

Pampas

Patagonia

Cabo de Hornos

América del Sur y Central

Esta es una región de auténticos excesos. En esta enorme masa de tierra con forma de lágrima que divide los océanos Pacífico y Atlántico, es posible descubrir desiertos donde la lluvia no ha caído durante décadas, selvas tropicales donde las copas de los árboles son tan espesas que la luz del Sol no llega al suelo y altas montañas cubiertas de nieve donde solo los animales más ágiles y duros se arriesgan a vivir.

Si hiciéramos una excursión relámpago por la costa que conocemos globalmente como América del Sur y Central, nuestro viaje por esta asombrosa región empezaría en México. Esta nación situada en una meseta hace frontera con Estados Unidos y desciende en una curva suave hacia el sur a lo largo de 2.000 km hasta encontrarse con sus países vecinos, Guatemala y Belice. Desplazándonos a través de Nicaragua, Costa Rica, El Salvador y Panamá (que constituyen el núcleo de la masa de tierra que forma América Central) nuestro viaje llegaría a

América del Sur. Aquí vive una cuarta parte de los animales del mundo y es una tierra de increíble abundancia. Aquí encontraremos la cadena montañosa más larga del mundo, los Andes, y la selva tropical de mayor extensión, la amazónica. Cubriendo alrededor de 6 millones de km², la selva amazónica es el hogar de más especies de animales que las que se puedan encontrar en el resto de Sudamérica. Aquí se hallan algunos de los gigantes más insólitos, como la serpiente más pesada, la anaconda, además de miles de especies que no se pueden encontrar en ningún otro lugar. Desde los peces carnívoros a las ranas venenosas, esta increíble tierra alberga a algunos de los animales más extraños, sorprendentes y peligrosos.

Aguará guazú

Es posible que el aguará guazú no sea el predador más grande y temido pero, al igual que los demás lobos, es un cazador furtivo, rápido y astuto. Equipado con dientes afilados para desgarrar carne y garras para sacar a una presa de su madriguera, el aguará guazú es un hábil asesino, muy especializado en los hábitats de praderas y llanuras.

Características	ORDEN: *Carnivora* / FAMILIA: *Canidae* GÉNERO Y ESPECIE: *Chrysocyon brachyurus*
PESO	20-25 kg
ALTURA	74-87 cm
LONGITUD	
CABEZA Y CUERPO	1,25-1,3 m
COLA	28-45 cm
MADUREZ SEXUAL	Al cabo de 1 año, pero rara vez cría hasta el segundo año
ÉPOCA DE APAREAMIENTO	Primavera y verano
PERIODO DE GESTACIÓN	62-66 días
NÚMERO DE CRÍAS	De 2 a 5
INTERVALO ENTRE NACIMIENTOS	1 año
DIETA	Pequeños roedores, pájaros, insectos, fruta y otra materia vegetal
ESPERANZA DE VIDA	13 años en cautividad

Dientes

Las muelas carniceras pequeñas y afiladas se utilizan para cortar y trocear piel y músculo, mientras que los molares más anchos y menos afilados muelen y trituran la materia vegetal.

Pies

Caminando sobre la punta de los dedos, un aguará guazú puede moverse rápidamente y en silencio. Cuando extiende los dedos también puede evitar hundirse en el barro.

En otros tiempos el aguará guazú era común en América Central y del Sur. En la actualidad, el número de lobos salvajes ha descendido rápidamente, aunque existen programas de cría en cautividad tanto en América del Norte como en Australia.

ANTEPASADOS

El aguará guazú se encuentra quizás entre los habitantes salvajes más atractivos de Sudamérica. Con casi 1 m de altura, este asombroso miembro de la familia *Canidae* (familia del perro) parece a primera vista un zorro con zancos. Con una piel rojiza, un rabo largo y espeso y orejas grandes, este bonito predador destaca más por la longitud de sus patas. Se cree que el aguará guazú desciende de perros salvajes y chacales que llegaron al continente americano hace muchos miles de años procedentes de África. Con el tiempo se han adaptado a vivir en las pampas (llanuras cubiertas de hierba) de Sudamérica. Por ejemplo, tiene los pies abiertos, ideales para las regiones húmedas y pantanosas, mientras que sus largas patas le permiten ver con más facilidad por encima de las hierbas altas. También le ayudan a andar a un paso que le permite viajar largas distancias con facilidad. Esto es importante durante la estación seca, cuando pueden llegar a escasear las presas y se ve obligado a viajar más lejos en busca de alimento.

HÁBLAME

Es posible que el radio de acción del aguará guazú cubra hasta 64 km, el cual comparte con su pareja. Los lobos son animales de equipo y sociables por instinto, pero aunque se aparean de por vida, machos y hembras pasan muy poco tiempo juntos. En su lugar se dejan mensajes cargados de olores. Estos mensajes les pueden proporcionar información sobre matanzas recientes, pero también habrá elementos químicos que le dirán al macho cuándo la hembra está preparada para aparearse de nuevo.

Después de aparearse, el macho y la hembra se separan de nuevo. La hembra preparará un nido sobre el suelo de

Hábitats del aguará guazú

maleza espesa, y entre 62 y 66 días después habrá nacido una camada de hasta cinco cachorros. Es tarea de la hembra preparar a estos jóvenes para que vivan en las praderas. Los cachorros tardarán un año más o menos en llegar a la plena madurez, pero una vez que son adultos, formarán pequeños grupos familiares con sus padres hasta que estén preparados para establecerse por su cuenta. El aguará guazú es muy vocal y utiliza llamadas, además de olores, para mantenerse en contacto con los demás miembros del grupo. Un gemido suele ser una llamada de un lobo herido que pide ayuda. Un gruñido es un mensaje

Empleando sus agudos sentidos, el aguará guazú mira, huele y escucha a la presa potencial entre la hierba alta.

El aguará se dirige a cualquier sonido que pueda significar comida, por débil que sea. Permanece quieto mientras se concentra.

Comparaciones

Aunque se parece más a un perro, el culpeo está más relacionado con su pariente de patas largas. Los culpeos viven en las regiones altas de los Andes, por eso tienen pelajes gruesos para protegerse del frío. Por desgracia este suntuoso pelaje ha hecho que el culpeo sea uno de los animales favoritos de los cazadores y ahora se encuentra en peligro de extinción.

Culpeo

Aguará guazú

de carácter territorial que significa «Aléjate». Un aullido vigoroso se utiliza, por lo general, para reunir a todos los miembros del grupo, pero algunas veces los lobos, al igual que el perro doméstico, aullará exclusivamente por puro placer y gusto.

CARNE Y FRUTA

Durante el día el aguará guazú prefiere estar tranquilo, durmiendo bajo el Sol subtropical. Es por la noche cuando se convierte en cazador. Todo lo que se mueva en el campo, desde ratones a pájaros, o peces y lagartos es comida aceptable para un lobo hambriento, pero, de vez en cuando, los cerdos de Guinea, el pollo y el cordero también forman parte de sus comidas favoritas. El aguará guazú es un cazador astuto; emplea su camuflaje natural para ocultar sus movimientos hasta que está preparado para saltar. Cuando lo hace, la muerte es rápida y furiosa, y normalmente devora a la presa en el mismo lugar. Pero algo poco corriente de estos miembros de la familia del perro es que el aguará guazú complementa su dieta con fruta y tiene unos dientes especiales para moler (molares) con este fin.

Hay muchas supersticiones sobre los aguarás guazú. Una de ellas dice que si se arranca un ojo de un aguará vivo, traerá suerte a los jugadores. Otra dice que el aguará guazú tiene serpientes viviendo en su estómago. En realidad lo que tiene son unos gusanos largos en los riñones, un tipo de parásito, y es posible que una de las frutas que más le gusta al lobo, el *Solanum lycocarpum,* tenga propiedades medicinales y calmantes del dolor.

Para añadir un elemento de sorpresa, el aguará guazú ataca como un zorro, saltando sobre su presa y levantando las cuatro patas del suelo.

Sus delgadas zarpas delanteras se clavan en la presa antes de matarla de un mordisco. El lobo devora su carne antes de continuar su camino.

Anaconda verde

Perfectamente adaptada a vivir entre pantanos y corrientes de agua, esta gigantesca serpiente emplea el sigilo, la astucia y un poder salvaje en estado puro para convertir en comida a carnívoros y herbívoros. Si los leones son los reyes de la jungla, las anacondas verdes son los auténticos monarcas de la selva tropical.

Ojos
Como no tienen párpados, los ojos de la serpiente están protegidos por una membrana delgada que evita que sufran daños innecesarios.

Garras pélvicas
La prueba de que las serpientes fueron lagartos se puede descubrir en la punta de la cola de la anaconda. Aquí hay unos diminutos pinchos en forma de garras que en realidad es todo lo que queda de sus patas.

Características

ORDEN: *Squamata* / FAMILIA: *Boidae* / GÉNERO Y ESPECIE: *Eunectes murinus*

PESO	Hasta 135 kg aproximadamente
LONGITUD	Entre 5,4 y 7,6 m
MADUREZ SEXUAL	A los 4 años
ÉPOCA DE APAREAMIENTO	Estación seca
PERIODO DE GESTACIÓN	Entre 6 y 7 meses
NÚMERO DE CRÍAS	Varía según el tamaño de la hembra adulta
INTERVALO ENTRE NACIMIENTOS	Entre 1 y 2 años
DIETA	Animales acuáticos y semiacuáticos, capibaras y aves acuáticas
ESPERANZA DE VIDA	Hasta 20 años si viven en cautividad

Dientes

Los dientes de una anaconda están curvados hacia atrás. Esto le permite agarrar mucho mejor a su presa.

Comparaciones

En muchos aspectos la anaconda verde del Nuevo Mundo podría considerarse el equivalente a la pitón reticulada del Viejo Mundo. Ambas serpientes alcanzan longitudes gigantescas. Las dos habitan en la selva y ambas se encuentran cómodas tanto en las copas de los árboles como en el agua. Y lo que es más importante, ambas son constrictoras, lo que significa que matan a su presa asfixiándola lentamente. Se solía creer que en realidad las constrictoras aplastaban a su presa hasta que moría porque algunas especies escupían la piel de su presa una vez habían digerido la comida.

Anaconda verde

Pitón reticulada

La anaconda verde se localiza en toda América del Sur, especialmente en la gran cuenca amazónica. Se encuentra como en casa en cualquier lugar donde haya agua, desde bosques a praderas.

GRAN SERPIENTE

El nombre de anaconda procede de una palabra tamil que significa «elefante asesino». Este nombre no sorprende para un animal que ha sido objeto de tantos mitos y especulaciones a lo largo de los siglos. A pesar de que alcanza longitudes de 5 a 8 m habitualmente, la anaconda no es la serpiente más grande del mundo. Ese récord aún lo mantiene la pitón reticulada asiática. Es, sin embargo, la serpiente más grande en lo que se refiere a peso y suele medir más de 30,4 cm de diámetro. No obstante, perduran las historias sobre anacondas monstruosas. Los miembros de las tribus sudamericanas, por ejemplo, afirman que es normal ver ejemplares de 24 m.

Una de las historias más espectaculares sobre estas serpientes la contó un explorador inglés, el coronel Percy Harrison Fawcett (1867-1925). Fawcett fue el hombre que inspiró a Sir Arthur Conan Doyle (1859-1930) la novela *El mundo perdido,* en la cual un grupo de viajeros descubren una tierra donde todavía existen los dinosaurios. En un apasionante relato de sus viajes, el coronel afirma haber matado a una anaconda de 18,8 m de longitud. Fawcett desapareció en 1925 durante un viaje a Bolivia... ¿Tal vez víctima de uno de esos gigantes?

BOAS DE AGUA

Las anacondas reciben algunas veces el nombre de boas de agua porque pasan la mayor parte del tiempo cerca o en ella. Al igual que los cocodrilos, están bien adaptadas a esta vida medio acuática. Tienen los ojos y las fosas nasales en la parte superior de la cabeza, de modo que pueden permanecer casi totalmente sumergidas y seguir respirando. Aunque son lentas y están aletargadas en tierra, nadan con rapidez y pueden contener la respiración hasta diez minutos. No sorprende por tanto que los peces y caimanes (parientes de los aligátores) constituyan una parte importante de su dieta.

Hábitats de la anaconda verde

Inconsciente del peligro que se acerca, un joven caimán se aproxima a la orilla. La anaconda se va acercando poco a poco.

La anaconda ataca aferrando a su asustada presa con los dientes curvados hacia atrás.

El cuerpo musculoso y largo de la anaconda envuelve rápidamente al caimán y después lo aprieta hasta que finalmente muere.

La serpiente tiene que dislocar sus mandíbulas para consumir semejante cantidad de comida; poco a poco va haciendo que se introduzca en su cuerpo.

La anaconda atrapa a sus presas mediante emboscadas. Utilizando su camuflaje natural, permanece al acecho en aguas poco profundas y se apodera de cualquier animal que pase por allí. Como son constrictoras, hunden los dientes en la víctima, envuelven sus colas alrededor del cuerpo de la presa y la asfixian lentamente o la ahogan. Entre sus víctimas también se incluyen animales que se acercan al agua a beber. De esta forma, venados, jaguares y capibaras se añaden también habitualmente a su dieta. Escasean los relatos fiables sobre anacondas que hayan comido seres humanos, principalmente porque pocas personas viven cerca de sus emplazamientos naturales en la selva tropical, pero algunos herpetólogos han informado del ataque de anacondas hambrientas. El hecho de que estas serpientes no sean tan grandes como pensamos, no significa que sean menos peligrosas. La anaconda es una de las serpientes más poderosas del mundo y ataca a cualquier animal que se pueda tragar.

MADRES Y PADRES

Las anacondas son solitarias por naturaleza, pero se reúnen para aparearse durante un par de meses. Atraídas por un elemento químico que despide la hembra, hasta 12 machos pueden formar una «bola de cría» con la hembra. Esta masa de carne formada por serpientes retorcidas ofrece una visión insólita. A lo largo de entre 2-4 semanas los machos combaten en una continua lucha libre por tener la oportunidad de aparearse con la hembra. Una vez terminada esta sesión de apareamiento entre gigantes, los machos vuelven a su modo de vida solitario y dejan que las hembras solas carguen con las crías. En este momento una hembra preñada es muy vulnerable a los predadores porque el peso adicional de los embriones la hace más lenta. Después de 6 meses la hembra tiene a más de 40 crías vivas. Estos asombrosos animales, que pueden medir 60 cm de longitud, están preparados en cuestión de minutos para nadar, cazar y alimentarse.

Jaguar

Aunque la mayoría de los grandes felinos matan a su presa con un mordisco en la garganta, las mandíbulas de un jaguar son tan fuertes que dan el mordisco definitivo en la cabeza, partiendo el cráneo de la víctima y provocándole la muerte casi instantánea. En realidad, el nombre nativo para este poderoso felino es «yaguara» que significa «la bestia que mata de un salto».

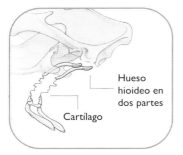

Hueso hioideo en dos partes

Cartílago

Hueso hioideo

Las vibraciones del hueso hioideo son las que producen el famoso rugido de los felinos. El jaguar gruñe más que ruge, pero nadie sabe por qué.

Características	ORDEN: *Carnivora* / FAMILIA: *Felidae* GÉNERO Y ESPECIE *Panthera onca*
PESO	Macho: 90-120 kg
	Hembra: 60-90 kg
LONGITUD	
CABEZA Y CUERPO	1,1-1,8 m
COLA	45-75 cm
MADUREZ SEXUAL	A los 2-4 años
ÉPOCA DE APAREAMIENTO	Todo el año en los trópicos; estacional en el resto
PERIODO DE GESTACIÓN	Entre 93 y 107 días
NÚMERO DE CRÍAS	De 1 a 4, normalmente 2
INTERVALO ENTRE NACIMIENTOS	Unos 2 años
DIETA	Amplia variedad de mamíferos; también tortugas, peces, caimanes y ganado de granja
ESPERANZA DE VIDA	Hasta 22 años en cautividad

Garras

Las garras largas, curvadas y retráctiles se clavan y sujetan a la presa mientras las mandíbulas extraordinariamente fuertes del jaguar le dan el golpe mortal.

Comparaciones

De aspecto parecido a un leopardo en miniatura, el tigrillo es uno de los gatos salvajes más pequeños de América. Pese a compartir gran parte de su hábitat con el jaguar predador más grande, estos dos consumados asesinos son capaces de vivir uno al lado del otro sin apenas tener conflictos. La razón es que el tigrillo tiene una forma de vida medio arborícola (pasa mucho tiempo de su vida entre los árboles). En realidad el ocelote (como también se le conoce) es un trepador tan hábil que gran parte de su dieta está compuesta de pájaros y ardillas.

Tigrillo

Jaguar

En la antigua mitología maya, los dioses adoptaban la forma de animales. Entre ellos se encontraba el dios Sol, que se transformaba en jaguar cuando visitaba la Tierra. Los mayas pensaban que esa belleza, elegancia y fuerza tan deslumbrantes del jaguar simplemente tenían que ser enviadas del cielo.

Hábitats de jaguar

NUEVO MUNDO, VIEJOS RASGOS

El jaguar del Nuevo Mundo es el equivalente al leopardo del Viejo Mundo. Aunque similares en apariencia, su tamaño distingue a este felino moteado de su pariente asiático. El jaguar es el tercer felino más grande de todos, y el mayor del hemisferio norte. Pesa dos veces más que un leopardo, tiene la cabeza grande y las patas delanteras robustas. Este animal hermoso y fuerte tiene pocos enemigos naturales aparte del hombre. Durante las décadas de 1960 y 1970 se mataron a unos 18.000 jaguares al año por su piel y su población todavía no se ha recuperado del todo. En otros tiempos eran comunes en ambas Américas, incluyendo California y Nuevo México, pero ahora los jaguares se encuentran principalmente en Brasil, Paraguay y Belice, donde zonas como el Santuario de Vida Salvaje de la cuenca de Cockscomb brindan un entorno protegido para estos cazadores espectaculares y habilidosos. En la actualidad se cree que hay unas ocho subespecies de jaguar, aunque cubren un espacio tan grande que a los zoólogos les resulta difícil afirmarlo con seguridad.

A LA CARTA

Los jaguares son por naturaleza cazadores adaptables y con recursos, lo que les permite aprovecharse de muchas «delicias» de la región. Aunque no se les considera devoradores de hombres, se alimentan de una amplia variedad de especies. Cerca de las aldeas y pueblos los jaguares pueden ser cazadores oportunistas, incluso perezosos, que rebuscan comida y se aprovechan de los botines que pueden encontrar con facilidad en las granjas.

Les encanta de manera especial el ganado y los caballos, lo que a menudo les acarrea algún conflicto con la población humana. En los bosques los jaguares demuestran a cada paso su agilidad de felino. Son hábiles trepadores y cazan monos y reptiles de modo regular en las ramas bajas (así como presas de suelo a las que acecha, como el capibara). En los pantanos no piensan en atacar a un caimán en su propio elemento. Si se puede decir que algún lugar en concreto es el hogar de este predador flexible y gran viajero, son estas regiones pantanosas. Los jaguares son nadadores resistentes y prefieren vivir cerca de la orilla. Aquí tienen lo mejor de los dos mundos: muchas presas fáciles, como peces y tortugas, y una amplia variedad de animales más grandes que se acercan para beber.

FELINO SUPERIOR

El aspecto de los jaguares puede variar significativamente de una región a otra, lo cual es otra razón de su gran éxito como predadores. Todos los jaguares tienen pelo con manchas negras en forma de escarapelas sobre un fondo más claro. Sin embargo, en zonas de bosque más denso son de un color más oscuro, lo que les ofrece un mejor camuflaje en la escasa luz que hay debajo de las copas de los árboles. También suelen ser mucho más pequeños que los que se encuentran en terrenos abiertos, lo que les facilita esconderse tanto de otros predadores como de una presa.

Los jaguares también son capaces de adaptar su conducta para adecuarla a su entorno. En zonas próximas a poblaciones humanas, son nocturnos principalmente y emplean sus excelentes sentidos de la vista, oído y olfato para cazar envueltos en la oscuridad. En otras regiones más rurales son diurnos o crepusculares y operan en ese extraño mundo de penumbras al atardecer o antes de amanecer. Los predadores más poderosos necesitan flexibilidad; precisamente por eso los jaguares han conseguido su sitio en lo más alto de la cadena alimentaria de América del Sur y Central.

El jaguar espera pacientemente en la penumbra, bajo una rama, a que el tapir que está pastando llegue y se coloque debajo.

El jaguar se abalanza sobre el tapir y de un golpe lo tira al suelo, clavándole sus garras para darle un mordisco en la garganta.

Después de que el tapir muere desangrado y conmocionado, el jaguar lo arrastra para ocultarlo antes de devorar sus intestinos.

Después de comer lo oculta bajo tierra y hojas para evitar a los carroñeros, dejándolo listo para su siguiente comida.

Piraña

Pocos peces, aparte del tiburón, han conseguido entrar en la conciencia pública, pero la piraña ha logrado labrarse una oscura reputación. Tema de películas, libros y leyenda, la piraña se ha convertido en uno de los residentes de río peor considerados de Sudamérica. Pero la cuestión que hay que preguntar es: ¿De verdad un pez pequeño puede ser peligroso?

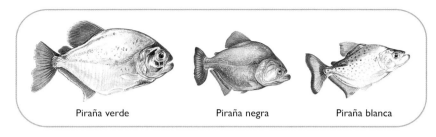

Piraña verde   Piraña negra   Piraña blanca

Tamaño y forma

Hay unas 18 especies de piraña que se encuentran en todos los lagos y ríos de América del Sur. Varían mucho respecto a su tamaño pero, como puede apreciarse en estas ilustraciones, la mayoría tienen cuerpos planos, anchos y musculosos.

Características	ORDEN: *Characiformes* / FAMILIA: *Characidae* / GÉNERO Y ESPECIE: *Varios*
PESO	1-2 kg
LONGITUD	15-60 cm
MADUREZ SEXUAL	A los 1-2 años
ÉPOCA DE CRÍA	Inicio de la estación húmeda
NÚMERO DE HUEVOS	Desde unos cientos hasta 5.000
INTERVALO ENTRE NACIMIENTOS	1 año
DIETA	Sobre todo peces, pero también mamíferos, pájaros, insectos y semillas caídas, fruta y hojas; algunas especies son vegetarianas
ESPERANZA DE VIDA	Hasta 5 años

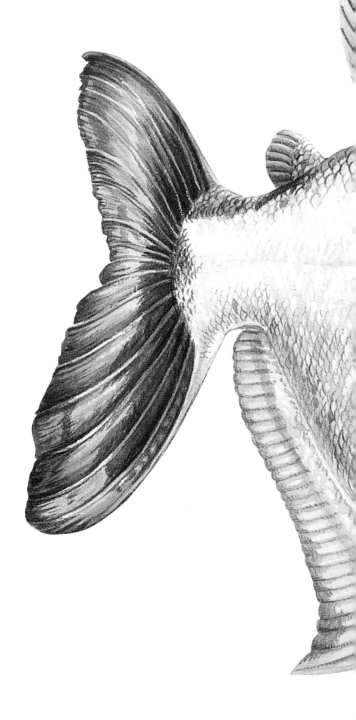

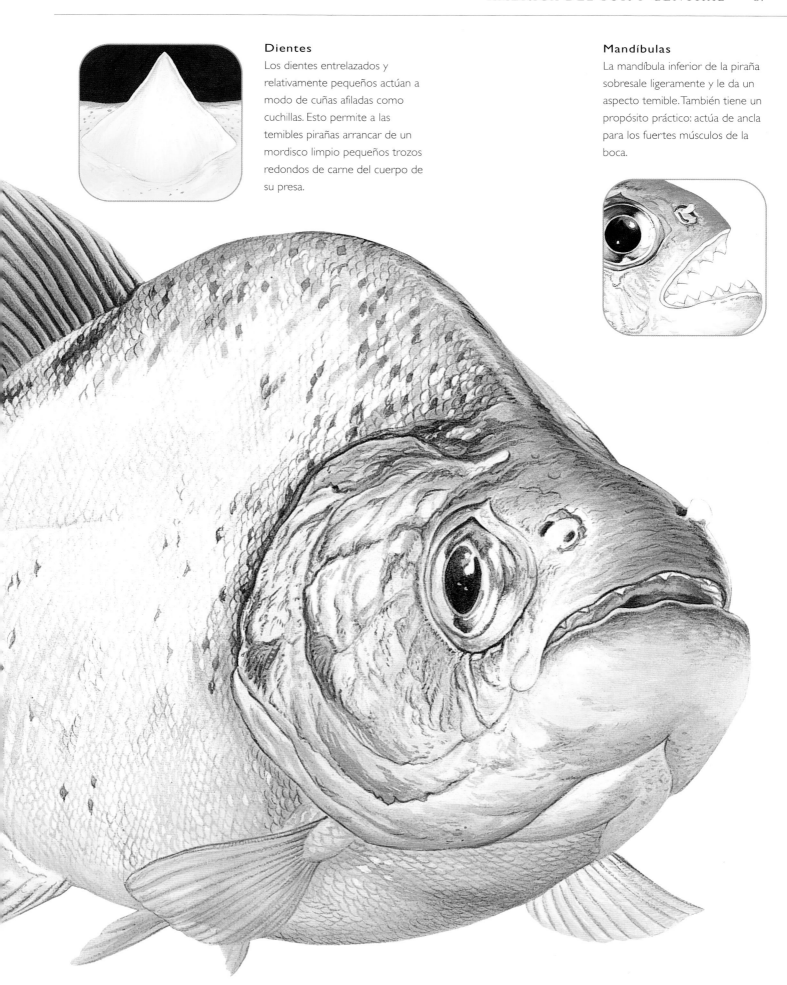

Dientes

Los dientes entrelazados y relativamente pequeños actúan a modo de cuñas afiladas como cuchillas. Esto permite a las temibles pirañas arrancar de un mordisco limpio pequeños trozos redondos de carne del cuerpo de su presa.

Mandíbulas

La mandíbula inferior de la piraña sobresale ligeramente y le da un aspecto temible. También tiene un propósito práctico: actúa de ancla para los fuertes músculos de la boca.

Hábitats de las pirañas

El nombre de «piraña» se refiere a unas 18 especies de peces que se encuentran en toda América del Sur. Estos peces carnívoros varían en cuanto a su longitud; la piraña roja del este de Brasil crece hasta los 60 cm, pero la piraña roja que mide 30 cm se acerca más al tamaño medio.

PADRES TEMIBLES

A principios del siglo XXI, la atención del mundo se fijó en la ciudad de Santa Cruz da Conceicao de Brasil debido a una serie de ataques de pirañas sin precedentes infligidos a bañistas de un río de la zona. Aunque las historias sobre pirañas que comen hombres abundan en Sudamérica, estos ataques eran inusuales porque no estaban bien documentados, aunque eran frecuentes y feroces.

Los dientes de una piraña son relativamente pequeños pero increíblemente afilados y consistentes. Cuando atacan, sus fuertes mandíbulas son las que más daño producen, al cerrarse estas cuñas lisas y afiladas como cuchillas con tal fuerza que arrancan trozos de carne pequeños y redondos, como cuando se da un mordisco a un sándwich. A lo largo de cinco fines de semana del verano de 2002 se registraron un total de 50 ataques en Santa Cruz; muchas víctimas de las pirañas perdieron dedos de las manos y los pies.

Finalmente, se descubrió la razón: el dique recién construido del río Mogi Guacu. Las pirañas ponen sus larvas (huevos) en las algas que hay en las aguas calmas. Por tanto, al construir el dique, los ingenieros habían formado, sin darse cuenta, un criadero perfecto para las pirañas. Aunque para los bañistas el problema eran las pirañas, en lo que se refiere a los peces la anomalía procedía de los seres humanos. Las pirañas macho protegen a sus crías y ejemplares jóvenes hasta que son capaces de valerse por sí mismos: lo que a los habitantes de Santa Cruz les parecía una conducta predatoria, en realidad se debía al instinto paternal de las pirañas.

ATAQUE EN GRUPO

Por lo general las pirañas son predadoras solitarias, pero se reúnen en grandes bancos (grupos) cuando se dan las condiciones apropiadas. Al margen de algunas descabelladas historias de viajeros sobre las pirañas, no es exagerado decir que un banco de pirañas puede llegar a ser tan eficaz como una manada de lobos a la hora de cazar.

Comparaciones

Si observas al pez dientes de sable, se te perdonaría que pensaras que es un pez carnívoro tan predatorio como la piraña. Sin embargo, aunque come carne, esos dientes increíbles únicamente son defensivos. Prefiere comer gusanos y crustáceos.

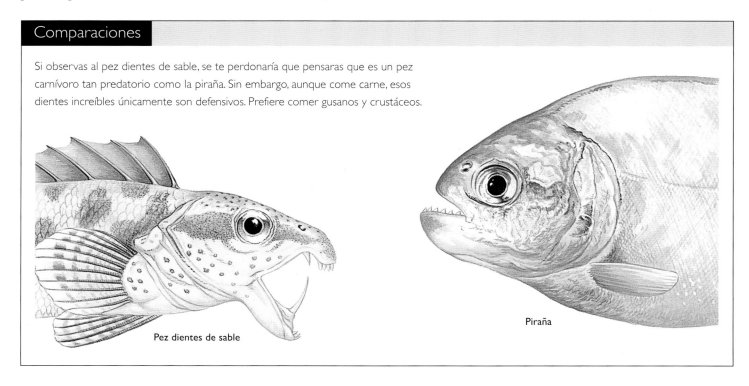

Pez dientes de sable

Piraña

Antes se pensaba que a las pirañas les atraía el olor de la sangre, pero cualquier movimiento extraño en el agua puede ser un factor desencadenante. Trabajando unidas, en un banco que puede constar de varios miles de ellas, las pirañas se convierten en una eficaz unidad de despliegue. Tienen fama de ser unas carnívoras tan voraces que, en cuestión de minutos, pueden dejar en los huesos a cualquier animal que entre en el agua. De hecho se ha llegado a constatar que un grupo de pirañas se comió a un cerdo de 45 kg en menos de un minuto.

DESEQUILIBRIO EN LA BALANZA

Las pirañas son unos predadores tan voraces que suponen una seria amenaza en cualquier ecosistema que no sea el suyo propio. En circunstancias normales, las pirañas se alimentan principalmente de otros peces y de vez en cuando de alguna semilla o trozo de fruta que cae al agua.

Sin embargo, como es un pez atractivo, solía ser una mascota muy popular y se exportaba y vendía a entusiastas de todo el mundo. Por desgracia cuando los coleccionistas se cansaban de ellas, lo que hacían sencillamente era liberarlas en los ríos y las corrientes de agua cercanas. Un ecosistema sano es el que se mantiene en equilibrio: con suficientes animales de presa para que los predadores prosperen y el número justo de predadores para que no se agote la cantidad de animales de presa. Cuando se introduce una especie extraña en un ecosistema, la balanza se desequilibra. Las especies autóctonas no tienen defensas naturales contra el predador, que enseguida se abre camino con los recursos de los que dispone. Esto ha sucedido en muchas zonas donde se han liberado pirañas, hasta el punto de que hoy en día incluso los zoos tienen que solicitar licencias para trasladar a estos carnívoros devastadores en potencia a cualquier entorno nuevo.

Sensible a las vibraciones extrañas que se produzcan en el agua, el banco de pirañas permanece vigilante a la espera de una presa.

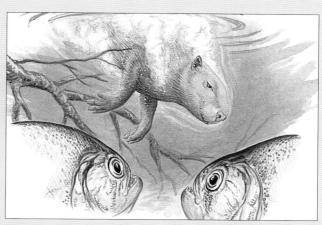

Desde abajo las pirañas ven a un capibara lanzándose al agua, probablemente huyendo de otro predador.

Normalmente las pirañas no atacarán a un mamífero grande, pero se sienten atraídas por la salpicadura que produce el capibara al nadar hacia la otra orilla.

El ataque se hace cada vez más frenético a medida que hay más sangre en el agua. Cada uno de los peces ataca, luego se retrae para tragar y después vuelve al ataque de nuevo.

Rana flecha roja y azul

La piel de una rana flecha venenosa está cargada de toxinas, pero estas no se usan para cazar, son simplemente protectoras. Sin embargo, si se ingieren, estos venenos pueden causar todo tipo de males, desde parálisis hasta la muerte. Por tanto, si fueses uno de los habitantes de un bosque tropical, la rana flecha roja y azul puede ser el alimento más peligroso que hayas comido nunca.

Boca y lengua
Utilizando su larga lengua pegajosa como una mano adicional, la rana flecha roja y azul atrapa a su presa. Entonces, sus mandíbulas flexibles se abren para tragarse a la presa entera.

Características	ORDEN: *Anura* / FAMILIA: *Dendrobatidae* GÉNERO Y ESPECIE: *Dendrobates pumilio*
LONGITUD	2,5 cm
ÉPOCA DE APAREAMIENTO	Todo el año
NÚMERO DE HUEVOS	4-6; los renacuajos crecen en diminutos depósitos de agua en plantas arbóreas, donde se alimentan de huevos no fecundados
PERIODO DE INCUBACIÓN	Varía según la temperatura
INTERVALO ENTRE NACIMIENTOS	12 meses
DIETA	Hormigas; otros pequeños insectos y arañas
ESPERANZA DE VIDA	3-5 años

Pies y almohadillas
En cada una de las puntas de los dedos hay unas ventosas redondas que permiten a la rana pegarse a las superficies húmedas y brillantes.

Piel

Aunque las ranas tienen pulmones para respirar, pueden absorber oxígeno del aire a través de la piel. Las ranas flecha también utilizan su piel para defenderse. Tienen glándulas venenosas justo debajo de la superficie de la piel que brotan sobre ella para proteger a la rana.

Membrana mucosa

Glándula venenosa

Comparaciones

Dendrobates auratus

Dendrobates lehmani

Dendrobates terribilis

Dendrobates azureus

Se estima que existen hasta 100 especies de ranas flecha o ranas dardo venenosas. Nadie lo sabe con certeza. Estos espectaculares y coloridos miembros del género *Dendrobates* viven en las selvas de América del Sur y Central. A diferencia de las ranas que viven en climas fríos, que suelen hibernar durante los meses de invierno, las ranas flecha tropicales suelen estar activas durante todo el año. Como indican sus nombres, todas las variedades de rana (sin tener en cuenta el color) producen un veneno que segregan unas glándulas localizadas justo debajo de la piel. Comparten hábitos de apareamiento y cría similares.

L a rana flecha venenosa se puede encontrar en una increíble variedad de colores. La versión roja y azul, como sugiere el nombre, es de un color rojo vivo con patas azules oscuras, por lo que también se la conoce con el nombre alternativo de ranita «jeans azules». Sin embargo, en Panamá la rana flecha roja y azul también puede ser naranja con manchas negras, roja con manchas negras o roja con manchas blancas. Otros tipos de ranas flecha venenosas se dan en la misma variedad de colores puros y vivos, como el azul o el naranja, y también existen ejemplares con manchas.

AVISO PARA LA SALUD

Unos destellos de color rojo vivo bajo el dosel de la selva indican a los visitantes que una rana flecha roja y azul se encuentra cerca. Muchos animales hacen un gran esfuerzo para confundirse con el entorno, pero para los miembros de la familia de la rana flecha (o dardo) venenosa la seguridad depende de la nitidez con que se la vea.

La razón de este despliegue de colores no es el camuflaje. La rana está utilizando un pigmento de la piel para decir al mundo que se mantenga bien alejado (y cualquier animal que no tenga la suerte de comprender este mensaje claro como el agua se va a llevar una desagradable sorpresa). Muchos animales emplean productos químicos para defenderse. Las mofetas rocían vapores fétidos a los atacantes. Las cobras escupen veneno a los ojos de su enemigo. Las toxinas de la piel de la rana flecha roja y azul pueden ser un bocado mortal.

Los animales aprenden rápidamente a reconocer a los animales «peligrosos», especialmente si tienen un color tan vivo y se mantienen a distancia.

LA LENTITUD Y LA FIRMEZA GANAN LA CARRERA

Como predadoras, las ranas son poco corrientes: no confían en la velocidad o en la agresión. Simplemente, son cazadoras pacientes. Las ranas flecha viven entre el lecho de hojas húmedas del suelo de la selva. Aquí permanecen casi inmóviles hasta que se acerca una presa; entonces saca su lengua larga y pegajosa rápidamente para atrapar e introducir la comida en su boca.

La rana flecha roja y azul adulta come una amplia variedad de insectos, y de vez en cuando invertebrados pequeños y reptiles. A diferencia de la mayoría de los anfibios, que suelen poner lotes de varios cientos de huevos a la vez, la rana flecha roja y azul no pone más de cinco. Cuando eclosionan, las

Hábitats de la rana flecha roja y azul

crías (renacuajos) son transportados en el lomo de los padres hacia pequeños depósitos de agua que se forman en los huecos de las grandes hojas de bromelia. Es importante para la salud de los pequeños que se mantengan, no solo húmedos, sino también separados unos de otros ya que las crías hambrientas pueden llegar al canibalismo. Los padres recorrerán grandes distancias hasta encontrar lugares seguros y apropiados. Como la madre pone tan pocos huevos, alimenta a los renacuajos con el resto de huevos no fecundados. Esta rica fuente de alimentación es importante ya que ofrece a los renacuajos la energía que necesitan para transformarse en ranas (metamorfosis). Los renacuajos difieren bastante de las ranas adultas. No tienen patas, solo una cola y respiran por branquias como un pez. Según van pasando los meses, a los renacuajos les van creciendo patas lentamente, pierden la cola y desarrollan los pulmones. Cuando llega este momento, las ranas ya están preparadas para empezar a cazar por sí mismas.

¡MORTALES!

Aunque las ranas flecha venenosas no utilizan su poderosa toxina para cazar, otros animales sí lo hacen (los humanos, por ejemplo). El veneno de una rana flecha varía en potencia de una variedad a otra. Por ejemplo, una de ellas segrega una toxina que se encuentran entre las más poderosas conocidas por la ciencia. El veneno que produce, llamado batraciotoxina, es en realidad diez veces peor que la tetrodotoxina, la toxina mortal que produce el pez globo.

En las selvas de Sudamérica, los miembros de las tribus han utilizado toxinas de rana durante siglos para embadurnar las puntas de sus dardos, y esa es la razón por la que se llama así a esta rana. Un único dardo lleva veneno suficiente para matar a un mono pequeño, e incluso una diminuta rana flecha venenosa tiene suficiente toxina en su piel para 50 dardos. ¡Después de todo, este pequeño anfibio es un asesino impresionante!

La hembra elige un lugar húmedo y a la sombra para poner sus huevos. Después de haberlos fertilizado, el macho mantiene húmedos los huevos con agua procedente de su propia piel.

Una vez que los huevos han eclosionado, el renacuajo trepa al lomo de la hembra donde se sujeta gracias a la humedad y el moco pegajoso que segrega.

En las copas de los árboles la hembra conduce al renacuajo a un pequeño depósito. La hembra pone un huevo con el que el renacuajo puede alimentarse.

La rica dieta a base de huevos permite al renacuajo crecer rápidamente y convertirse en una diminuta rana de menos de 1 cm de longitud.

Tarántula de patas rojas

Si la denomináramos araña mexicana de patas rojas no nos sonaría tan peligrosa, pero si la llamamos por su nombre más familiar, tarántula de patas rojas, muchos de nosotros sentiríamos un escalofrío ante la mera mención de su nombre. Pero, ¿qué importa el nombre? Cuando se trata de temores humanos, da la impresión de que en ocasiones la mala reputación es todo lo que se necesita para colocar la etiqueta de «peligroso».

Dientes

Las tarántulas son incapaces de digerir alimento en el interior de su cuerpo. En lugar de ello inyectan a su víctima un cóctel químico que contiene jugos gástricos. De modo adicional, algunas inoculan veneno a su víctima.

Características	ORDEN: *Araneae* / FAMILIA: *Theraphosidae* / GÉNERO Y ESPECIE: *Brachypelma smithi*
PESO	57 g
LONGITUD DEL CUERPO	7,5-10 cm
ENVERGADURA DE LAS PATAS	Hasta 18 cm
MADUREZ SEXUAL	A los 5-7 años
NÚMERO DE HUEVOS	Hasta 400
PERIODO DE INCUBACIÓN	De 2 a 3 meses
INTERVALO ENTRE NACIMIENTOS	1 año
DIETA	Insectos grandes, posiblemente lagartos y pequeños roedores
ESPERANZA DE VIDA	Hasta 30 años

Hiladores

Son órganos especializados que se encuentran en el abdomen de la araña y producen seda, que tiene un uso variado. Sirve para construir nidos o para ayudar a la araña a sujetar a su presa.

Ojos

La mayoría de las arañas tienen seis u ocho ojos. La tarántula de patas rojas tiene ocho, que están colocados en pares sobre una bóveda elevada en la parte superior de la cabeza.

En un principio el nombre de «tarántula» se refería a un tipo de araña lobo existente en Italia. Según la leyenda, el veneno del mordisco de esta araña te hacía correr y chillar en un estado salvaje e incontrolable. La única cura era bailar lo suficiente para que el veneno saliera del cuerpo. Esta creencia se convirtió en la base de la danza popular italiana conocida como tarantela. Hoy en día el nombre de tarántula se suele utilizar específicamente para referirse a arañas peludas más grandes, del tipo de las que se encuentran en las regiones tropicales, sobre todo en México y Sudamérica.

PELIGROSAS...

Sudamérica es el entorno de las especies de arañas más grandes y más pequeñas. Oficialmente las tarántulas son las más grandes y dentro de este orden la tarántula Goliath comedora de pájaros de la Guayana puede crecer hasta alcanzar los 28 cm de longitud, incluyendo las patas. La tarántula de patas rojas, por lo general, alcanza una longitud más modesta, entre 15 y 18 cm.

Las arañas de patas rojas son arañas cazadoras, lo que significa que son predadoras rápidas y agresivas. No construyen telas de araña, sino que siguen la pista, acechan y después cobran su presa. Cuando se sienten amenazadas, las tarántulas mexicanas pueden despedir pelos urticantes, que causan sensación de quemazón, salpullidos e incluso ceguera si se introducen en el ojo. En la parte frontal de la cabeza también tienen dos colmillos afilados que pueden usar para inyectar veneno a sus víctimas. Estas adaptaciones las convierten en un oponente peligroso. Dentro de su propio entorno son sin duda cazadoras formidables, pero gran parte de nuestra reacción hacia las tarántulas se basa en fobias y falta de información.

¿PERO... PARA QUIÉN?

Resulta extraño que animales que son relativamente pequeños e inofensivos, comparados con el hombre, generen tal animosidad y agresividad. Sin embargo, los estudios realizados sobre los «animales más odiados» siempre están encabezados

La tarántula de patas rojas está a la espera; utiliza los pelos de las patas para sentir las vibraciones de la presa que se acerca.

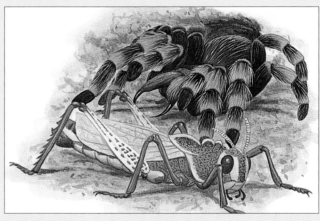

Un saltamontes se posa en las proximidades. Alertada por el recién llegado, la araña se abalanza sobre la desventurada víctima.

Los colmillos de la araña liberan un veneno paralizador y el saltamontes pronto deja de luchar.

Después de utilizar sus mandíbulas para abrir al saltamontes, la araña succiona los jugos del cuerpo.

por arañas, seguidas de cerca por las serpientes mordedoras. El miedo a las arañas se llama aracnofobia y se estima que, en todo el mundo, un 50% de las mujeres y un 10% de los hombres tienen algún tipo de fobia a las arañas. Esta fobia se puede manifestar como una molestia leve o provocar reacciones físicas como sudoración, mareos y vómitos. Nadie sabe por qué se producen estas reacciones, aunque algunos psicólogos han indicado que muchos de nuestros temores se basan en antiguos instintos de supervivencia. En situaciones de peligro todos los animales despliegan una respuesta de lucha para escapar. Es posible que las fobias sean la manifestación de un primitivo sistema de aviso.

En los estudios realizados, muchas fobias se tratan con éxito exponiéndose de un modo regular al objeto del miedo. También lo saben los nativos que viven en regiones donde las tarántulas son comunes, y no les tienen miedo. ¡La verdad es que las consideran muy sabrosas! Por tanto, el miedo que muchos de nosotros experimentamos se puede basar no en lo que sabemos, sino en lo que desconocemos.

COMIDA LÍQUIDA

Por increíble que parezca, las tarántulas son incapaces de digerir alimento en el interior de su cuerpo. En lugar de eso, todos los complejos procesos químicos que implica la extracción de las grasas, proteínas, hidratos de carbono, vitaminas y minerales de un alimento tienen lugar en el interior del cuerpo de la víctima. Las tarántulas hacen esto inyectando a su víctima un cóctel de jugos gástricos, que en realidad son ácidos que transforman la carne de la presa en algo más asimilable.

Hábitats de la tarántula de patas rojas

Las arañas viven de una dieta líquida. Una vez que los fluidos gástricos han «predigerido» a su presa, utilizan un apéndice corto en forma de sierra para perforar la piel y succionar el cuerpo de la víctima, como si se tratara de una sopa. Las tarántulas de patas rojas viven a base de una dieta variada de insectos, además de pequeños reptiles, anfibios o mamíferos en alguna ocasión. Es posible que una tarántula grande reduzca a piel y huesos a un ratón ¡en solo 36 horas!

Comparaciones

Se encuentran tarántulas de todas las formas y tamaños y algunas crecen hasta llegar a un tamaño alarmante. La más grande es la araña Goliath comedora de pájaros. Este monstruo del mundo de las arañas se puede encontrar en Brasil, Trinidad y la Guayana, donde sus presas son lagartos pequeños, serpientes y ranas.

Tarántula de patas rojas   *Avicularia*   Araña Goliath

OCÉANO
ÁRTICO

MAR DE KARA

Meseta
de Siberia
Central

Montes Urales

Lago
Baikal

Mongolia

Montes Tien Shan

Desierto
de Gobi

Meseta
del Tíbet
Himalaya

Asia

~

Asia es el continente más grande del mundo: ocupa casi
45 millones de km². Esta vasta mezcla social y cultural
la integran 4.000 millones de personas y miles de especies
animales, cuyas vidas transcurren en algunos de los
medios naturales más extremos del mundo.

En el este, entre China y Siberia, nos encontramos el inmenso desierto de Gobi, hogar de numerosos animales que sobreviven a fuerza de vigor. Viajando hacia el oeste nos dirigimos hacia las cumbres escarpadas y los valles profundos del nudo de Pamir, que une Afganistán, Pakistán y China. Asia es el continente más montañoso de todos. De hecho, esta zona de belleza escarpada natural contiene tantos picos gigantes que se la ha denominado «el techo del mundo». Y aquí, aislados del bullicio y del trajín de la vida diaria, muchos de los predadores más raros de Asia son capaces de formar sus hogares.

Siguiendo hacia el sur, reunidos a orillas de los grandiosos ríos Indo y Ganges, millones de indios crean sus hogares viviendo casi codo con codo con grandes herbívoros como el elefante, temibles cazadores asesinos como el tigre y serpientes venenosas como la cobra real, la más grande del mundo. Finalmente, dando un salto por la costa suroriental llegamos a Filipinas. Este conjunto de 707 islas describe una curva por el mar de China Meridional para formar, junto a Borneo, Malasia e Indonesia, una media luna de islas tropicales y volcánicas que se encuentran en el mismo borde de este colosal continente. En estas islas se hallan algunos de los bosques tropicales más densos de Asia y las llanuras más ricas y fértiles.

Desde los rápidos y temibles predadores de las llanuras hasta los cazadores camuflados de los bosques tropicales, cada región de Asia alberga sus propias especies espectaculares, todas ellas adaptadas de un modo excepcional a luchar, crecer y sobrevivir.

Cobra real

En el mundo entero, las serpientes son la encarnación misma del mal en la mitología. Los pueblos antiguos las temían y respetaban, y gran parte de nuestra aversión instintiva hacia ellas se basa en este antiguo y razonable temor. Las serpientes matan medio millón de personas al año; la más venenosa del mundo, la cobra real, lleva veneno suficiente para matar 20 personas de un solo mordisco.

Características	ORDEN: *Squamata* / FAMILIA: *Elapidae* GÉNERO Y ESPECIE: *Ophiophagus hannah*
PESO	5,5 kg
LONGITUD	Hasta 4,9 m; 4 m de media
MADUREZ SEXUAL	Aproximadamente, a los 4 años
ÉPOCA DE APAREAMIENTO	En los meses más frescos
NÚMERO DE HUEVOS	De 18 a 51; normalmente 40 o 50; más o menos los pone a los dos meses del apareamiento
PERIODO DE INCUBACIÓN	70-77 días
INTERVALO ENTRE NACIMIENTOS	1 año
DIETA	Sobre todo serpientes, además de algunos lagartos
ESPERANZA DE VIDA	20 años de media

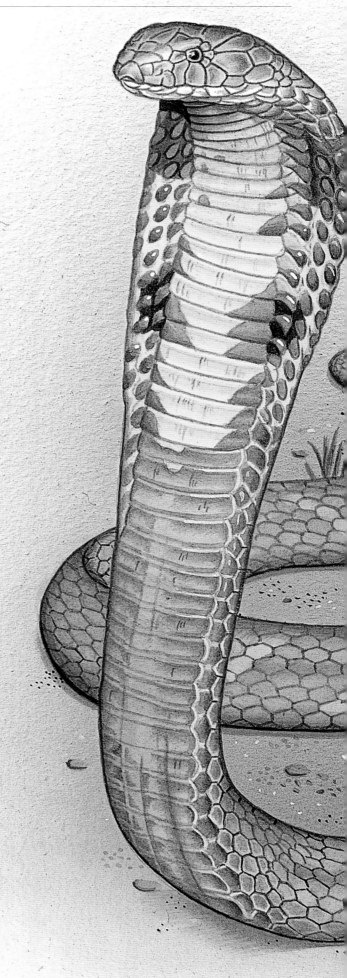

Dientes
Los dientes de las cobras tienen una ranura a lo largo del borde frontal que les sirve para inyectar el veneno a sus víctimas. En algunas especies es un tubo hueco.

Lengua
Cuando una serpiente saca y mete la lengua, en realidad está recogiendo moléculas olorosas del aire. Esto le ayuda a detectar a su presa.

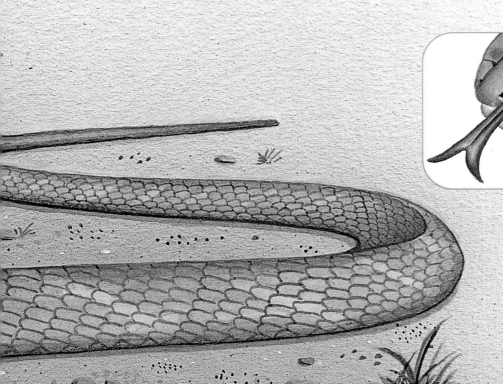

Capirote
Moviendo las «costillas» cortas del cuello, la cobra se ensancha alrededor de la cabeza para hacerla parecer más grande ante enemigos potenciales.

Comparaciones

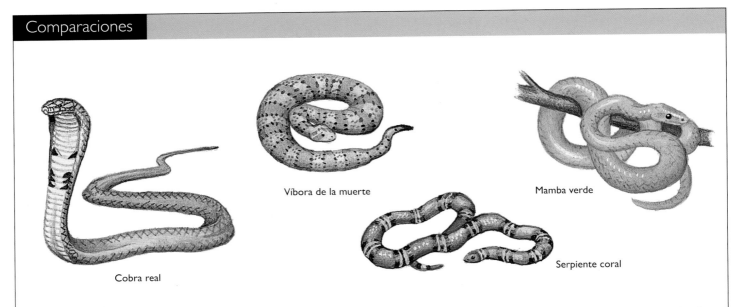

Víbora de la muerte

Mamba verde

Cobra real

Serpiente coral

Cobras, kraits y mambas pertenecen a la familia *Elapidae*. Los miembros de esta familia tienen dientes cortos y fijos, a diferencia de las víboras, que tienen dientes largos que salen hacia adelante cuando la serpiente abre la boca. De los 200 elápidos que existen más o menos, todos llevan veneno pero no todos se jactan de ello. A diferencia de la serpiente coral, que avisa con sus colores acentuados, la víbora de la muerte y la mamba verde se confunden con su entorno.

Veloz y mortal, la cobra real es uno de los invitados menos deseados en Asia. Letal para los humanos y para los animales, la cobra está considerada como una de las serpientes más peligrosas y extendidas de todo el continente.

UN TRUCO CRUEL

Si has visto alguna vez cómo trabaja un encantador de serpientes podrías pensar que estos artistas callejeros poseen nervios de acero. En efecto, el truco que realizan puede parecer peligroso pero, en realidad, los encantadores utilizan las defensas naturales de la cobra como parte de su actuación. Llevan a las serpientes en grandes cestas de paja. Al comienzo de la representación, el encantador levanta la tapa de la cesta. La serpiente, deslumbrada momentáneamente por la luz, levanta el cuerpo en posición defensiva y, moviendo sus «costillas» cortas del cuello, forma un ensanchamiento alrededor de su cabeza cuya función es la de parecer más grande y más amenazadora ante enemigos potenciales.

El sentido de la vista de una serpiente no es bueno y no tiene orejas, así que cuando el encantador de serpientes empieza a tocar su flauta, en realidad la cobra no puede oír ni ver mucho de lo que está ocurriendo. La razón de que parezca que la cobra está bailando es que está siguiendo el movimiento de la flauta. El movimiento es lo suficientemente marcado para que ella sea capaz de centrarse en él. Balanceándose hacia atrás y hacia delante al tiempo que la flauta, mantiene la amenaza potencial a la distancia de ataque. Sin embargo, el encantador de serpientes no se encuentra en verdadero peligro, ya que a la cobra se le han extraído los dientes y tiene la boca cosida.

VENTAJAS E INCONVENIENTES

Podría dar la impresión de que, al ser casi sordas y ciegas, las cobras deberían ser malas cazadoras. Sin embargo, como ocurre con frecuencia, la naturaleza ha compensado estas aparentes deficiencias. De hecho, las cobras reales son capaces de sentir el movimiento y los sonidos que hace su presa apoyando sus mandíbulas en el suelo. Si también disponen de información visual, pueden juzgar a qué distancia se encuentra su presa con bastante precisión. Su otra gran ventaja, por supuesto, es el veneno. Cuando una

Hábitats de la cobra real

cobra real muerde, suele mantener el mordisco en la presa tanto tiempo como sea posible. Comparados con los de la víbora bufadora, los dientes de una cobra real son bastante pequeños; por tanto, lo que hace en realidad es masticar a su presa para conseguir que el veneno penetre en la herida. El daño infligido depende del tiempo que sea capaz de sujetar así a su víctima. El veneno de algunas serpientes afecta a la piel y el tejido muscular de la víctima; el veneno de la cobra actúa directamente sobre el sistema nervioso y causa parálisis. Por tanto, aunque la serpiente no pueda matar a su presa en el acto, sí la incapacita lo suficiente como para terminar el trabajo después.

RÁPIDA Y MORTAL

La comida favorita de una cobra real son otras serpientes; sin embargo, atacará y matará a mamíferos mucho más grandes si surge la oportunidad. Se sabe incluso que, cuando está enfadada, ataca a elefantes aunque, claro está, no con intención de comérselos. Las cobras hembra son especialmente irritables y temperamentales. Son madres protectoras y es durante la época de cría cuando resultan más peligrosas. Por lo general, incluso la cobra real más grande, que puede medir hasta 2,4 m de longitud, preferirá alejarse de un conflicto no deseado; sin embargo, las hembras, aun sin ser provocadas, arremeterán en defensa de sus huevos.

Una tercera parte de las muertes causadas por mordedura de serpiente en India son de cobras, y con frecuencia ocurre porque alguien se ha acercado demasiado a uno de sus nidos. Los humanos despreocupados o inconscientes se llevan sin duda una terrible sorpresa. Sin un tratamiento rápido, una mordedura de cobra real puede causar una muerte atroz en solo 13 minutos.

Utilizando la lengua para recoger muestras olorosas del aire, la cobra real descubre una pitón en las proximidades. Cuando se ha acercado lo suficiente, sigue la trayectoria de su presa con la vista.

La pitón no se da cuenta de que la cobra se acerca furtivamente por la hierba. Cuando se encuentra a la distancia de ataque, la cobra enrolla la parte posterior de su cuerpo, lista para iniciar la agresión.

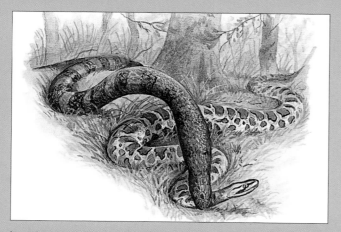

La cobra muerde el cuello de la pitón y le inyecta veneno de un solo golpe. No lo puede evitar porque es tan rápido como un rayo.

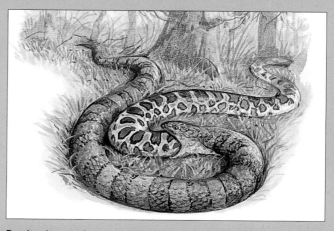

Paralizada por el veneno, la pitón no tiene fuerzas para resistir; la cobra aprovecha para dislocar sus propias mandíbulas y consumirla entera poco a poco.

Dragón de Komodo

El dragón de Komodo es un recordatorio vivo de los días en que los grandes lagartos (los dinosaurios) reinaban en la Tierra. Reptil primitivo y voraz, el dragón de Komodo atacará y devorará a los miembros de su propia especie así como los restos de cualquier otro animal.

Características	ORDEN: *Squamata* / FAMILIA: *Varanidae* GÉNERO Y ESPECIE: *Varanus komodoensis*
PESO	Hasta 165 kg
LONGITUD	Hasta 3 m
MADUREZ SEXUAL	Entre los 5-6 años
ÉPOCA DE CRÍA	Todo el año; normalmente, los meses más frescos
NÚMERO DE HUEVOS	4 a 30
PERIODO DE INCUBACIÓN	32-36 semanas
INTERVALO ENTRE NACIMIENTOS	1 año
DIETA	Carroña, sobras; amplia variedad de presas, desde insectos, lagartos, serpientes y pájaros hasta ratas, jabalíes, venados y búfalos de agua
ESPERANZA DE VIDA	Unos 50 años

Lengua

Una característica que sorprende del dragón de Komodo es su increíble lengua bífida, delgada y larga, que puede prolongarse bastante más allá de la boca.

Dientes

Provistos de bordes dentados, los dientes del dragón de Komodo son capaces de atravesar fácilmente la piel y el músculo, y de machacar huesos.

Comparaciones

La respuesta de África al fuerte dragón de Komodo asiático es también otro miembro de la familia de los monitores (*Varanidae*). El poderoso monitor del Nilo es de color oscuro, con manchas en forma de bandas alrededor del cuerpo. Como todos los monitores, es robusto, con patas cortas y fuertes y tiene la cabeza pequeña y roma.

Adaptado a la perfección a vivir a orillas de los ríos, el monitor del Nilo posee una cola con cresta que le permite una mejor maniobrabilidad en el agua al tiempo que le sirve como arma contra cualquier posible agresor.

Dragón de Komodo

Monitor del Nilo

A pesar de ser la especie de lagarto más grande del mundo, el dragón de Komodo no fue descubierto por la comunidad científica hasta 1912. Los dragones supervivientes solo se encuentran en unas cuantas islas del archipiélago de Indonesia: Rinca, Gili Montang, Nusa Kode e isla de Komodo, que da nombre a este lagarto de aspecto cruel.

HORA DE COMER

Hasta 1996, una de las atracciones turísticas más famosas de la isla de Komodo consistía en una demostración bastante horripilante del poder sobrecogedor de su habitante más famoso. Varias veces al día se ofrecía una cabra «como regalo» a los dragones.

Los lagartos carecen del control de temperatura interior que caracteriza a los animales de sangre caliente. Esto significa que son lentos y están aletargados cuando hace frío; sin embargo, en los trópicos crecen muy bien con temperatura cálida. Una vez que se ha calentado al Sol, el dragón de Komodo puede moverse a una velocidad increíble. Levantando su enorme cuerpo del suelo igual que hace un cocodrilo, el dragón se propulsa hacia delante utilizando sus fuertes patas traseras. Una vez que un grupo de ellos ha percibido el olor, la cabra no tendrá que esperar mucho tiempo a sus visitantes.

APETITO VORAZ

Cuando los humanos vieron por primera vez al gran dragón de Komodo, seguramente tuvieron la sensación de haber retrocedido en el tiempo. Desde la cabeza hasta la cola, este lagarto robusto de hocico romo puede crecer hasta los 2 m de longitud y pesar 250 kg. Para alimentar un cuerpo tan grande se necesita una cantidad regular de comida. Por suerte el dragón de Komodo no es exigente en sus comidas. Posee un excelente sentido del olfato y el hedor de la carroña en descomposición atraerá rápidamente a los dragones hambrientos.

Con ayuda de sus dientes en forma de sierra, desgarran la carne muerta y pueden comer el 80% del peso de su propio cuerpo de una sentada. Respecto a las presas vivas, confían más en sus proezas físicas que en el sigilo o la astucia. No

Hábitats del dragón de Komodo

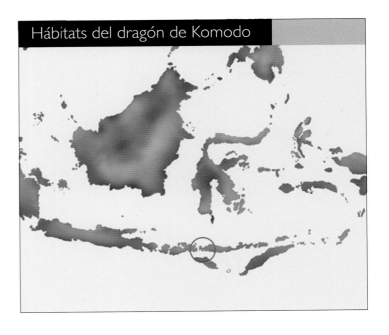

son grandes cazadores, y no necesitan serlo. Una vez tienen a su alcance a la víctima, utilizan las garras y el peso de su cuerpo para derribarla y doblegarla. Un dragón de Komodo adulto puede comerse una cabra o un cerdo con facilidad, y no duda a la hora de apoderarse de una presa más grande, como un caballo o un búfalo. Al igual que sus parientes reptiles, las serpientes, pueden desarticular (separar) sus mandíbulas para tragar enormes trozos de carne enteros. Por tanto, el tamaño no es garantía de seguridad cuando hay un dragón por los alrededores. Únicamente significa que hay más a lo que hincar el diente.

VENENO PRIMITIVO

Si tienes la suerte de poder acercarte a un dragón de Komodo, y vivir para contarlo, una de las primeras cosas que advertirás probablemente es su terrible mal aliento. Los dragones de Komodo despiden bocanadas de bacterias que representan una forma de veneno primitiva. Se han

identificado hasta 62 tipos de bacterias diferentes. Muchas de ellas son tan virulentas que, para matar, el dragón solo tiene que morder a su víctima unas cuantas veces y esperar a que las bacterias realicen su mortal tarea. Es posible que la infección de las heridas tarde varios días en declararse y en matar a un animal particularmente grande; sin embargo, el mordisco de un dragón de Komodo puede acabar con un búfalo en menos de ocho horas.

Si los humanos resultan mordidos por Komodos y se libran de heridas graves, todavía existe una amenaza de muerte real por septicemia (envenenamiento de la sangre) si la víctima no recibe un tratamiento rápido con antibióticos. Los síntomas del envenenamiento de la sangre son fiebre alta y, en casos extremos, pérdida de capacidad de coagulación de la sangre del paciente, lo que causa un sangrado excesivo y, finalmente, la muerte. Estos dragones no echan llamas por la boca, pero su aliento puede resultar igualmente mortal.

Al percibir el olor de una presa que se acerca, el dragón de Komodo se tumba y espera oculto en la hierba alta antes de lanzarse a atacar al cerdo.

Al estar desprevenido, el cerdo se encuentra indefenso; el dragón de Komodo aprovecha para asestarle un fuerte mordisco en el cuello.

Herido de muerte, el cerdo intenta escapar. El dragón de Komodo lo deja huir ya que pronto sucumbirá debido al impacto y a la pérdida de sangre.

El dragón de Komodo sigue el rastro del cerdo agonizante y devora a su presa. Otros dragones de Komodo se sienten atraídos por el olor de la sangre.

Leopardo

Fuerte y elegante, el leopardo es quizás el miembro más atlético de la familia de los felinos ya que es igual de ágil corriendo, saltando, trepando o nadando. Si añadimos a todo esto su espectacular camuflaje natural, el efecto será el de estar ante un cazador nato.

Fauces

Con sus poderosas fauces, un leopardo adulto puede derribar de un mordisco a su presa con una fuerza tremenda. Sus largos caninos atraviesan la carne con facilidad.

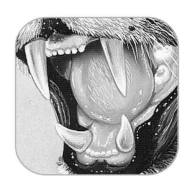

Zarpas

Los leopardos tienen unas zarpas relativamente pequeñas si las comparamos con las de los leones. Sin embargo, sus garras son muy largas y se convierten en un complemento muy eficaz para su equipo de caza.

Ojos

Como todos los felinos, los leopardos poseen un soberbio sentido de la vista. Los leopardos son cazadores nocturnos y su visión por la noche es casi siete veces mejor que la que tienen los humanos.

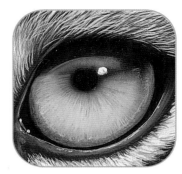

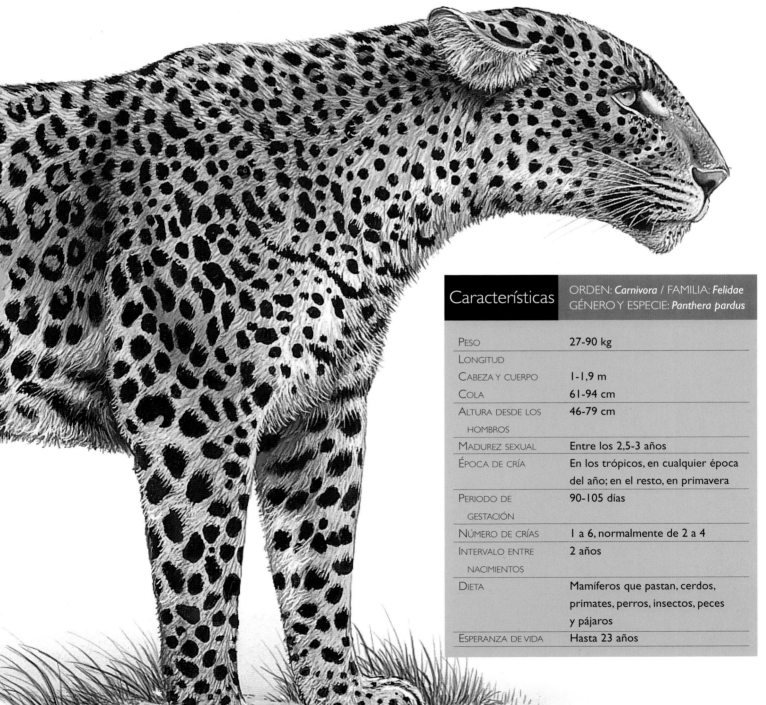

Características	ORDEN: *Carnivora* / FAMILIA: *Felidae* GÉNERO Y ESPECIE: *Panthera pardus*
PESO	27-90 kg
LONGITUD	
CABEZA Y CUERPO	1-1,9 m
COLA	61-94 cm
ALTURA DESDE LOS HOMBROS	46-79 cm
MADUREZ SEXUAL	Entre los 2,5-3 años
ÉPOCA DE CRÍA	En los trópicos, en cualquier época del año; en el resto, en primavera
PERIODO DE GESTACIÓN	90-105 días
NÚMERO DE CRÍAS	1 a 6, normalmente de 2 a 4
INTERVALO ENTRE NACIMIENTOS	2 años
DIETA	Mamíferos que pastan, cerdos, primates, perros, insectos, peces y pájaros
ESPERANZA DE VIDA	Hasta 23 años

Comparaciones

Leopardo

Pantera negra

Leopardo de las nieves

Jaguar

Los pelajes de los leopardos son de muchos colores. Como cabe esperar, la piel de un leopardo de las nieves es de color gris pálido con salpicaduras negras. Este pelaje le proporciona un camuflaje ideal en los eriales helados de su ámbito tradicional en la meseta del Tíbet. Los leopardos asiáticos tienen el pelaje de color arena, dorado, con manchas negras similares. A primera vista, este no parece ser un camuflaje ideal en las praderas. Sin embargo, durante el verano, las hierbas verdes se queman y se secan, y la piel del leopardo se confunde con ellas de un modo que podría considerarse casi perfecto.

En el leopardo, la fuerza y la belleza se han combinado para convertir a este hábil carnívoro en uno de los animales de aspecto más asombroso, un hecho que por desgracia no han pasado por alto generaciones de cazadores, quienes han matado a esta hermosa criatura por su pelaje. Distribuido por toda la India y parte de China, la mayoría de las subespecies de leopardo, incluyendo el espectacular leopardo de las nieves y la pantera nebulosa, se encuentran en peligro de extinción hoy en día.

POR TODAS PARTES

Los leopardos se encuentran entre los miembros más extendidos de la familia *Felidae*, con subespecies desde las montañas de China hasta las llanuras de África. Cuando grupos de animales se aíslan del gen principal, pueden persistir pequeñas diferencias en el grupo e, incluso, acentuarse. Esto significa que los leopardos varían no solo de continente a continente, sino también de región a región. Por lo general las diferencias más destacadas son sus manchas. En las patas y la cabeza del leopardo, las manchas suelen estar dispuestas al azar, mientras que en el cuerpo se reúnen formando pequeñas escarapelas. Estas manchas suelen ser más pequeñas en un leopardo africano que en uno asiático, mientras que las del leopardo de las montañas indias están más separadas que las del que procede de las llanuras. Al igual que las huellas digitales humanas, el pelaje de los leopardos nunca es exactamente igual; por eso, en el pasado se ha intentado clasificar variedades diferentes de leopardo de acuerdo a los dibujos de sus manchas. Hay un dicho popular que afirma que «un leopardo nunca cambia sus manchas»; sin embargo, algunos ni siquiera tienen manchas. Las panteras negras, por ejemplo, son en realidad leopardos con exceso de melanina (oscuros).

APRENDER A MATAR

Las hembras adultas presentan el estro (es decir, son receptoras sexualmente)

Hábitats del leopardo

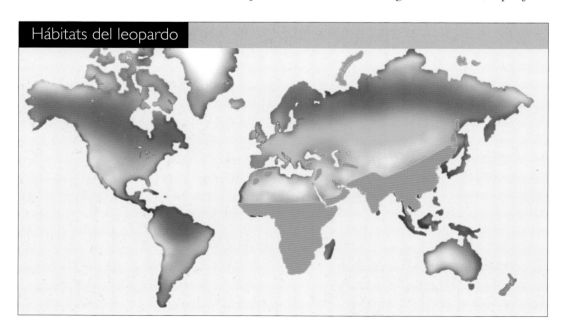

cada 60 días; el periodo de celo dura entre 7-10 días cada vez. Una vez lo presentan, atraerán al macho utilizando olores y llamadas. Durante este periodo es posible que los machos luchen por ganar el derecho a aparearse con la hembra; las heridas son habituales durante estas contiendas. Sin embargo, una vez que ella está preñada, el macho se va y la hembra asume toda la responsabilidad de criar y enseñar a los cachorros a su cargo. Normalmente nacen 2-3 crías, pero es posible que tengan hasta 8-9.

Los cachorros permanecerán con la madre hasta los 18 meses, hasta que estén preparados para buscar un territorio propio. Durante este tiempo, el juego forma parte esencial del proceso de aprendizaje. A los cachorros no se les permite cazar hasta que no tienen unos 9 meses de edad, pero participarán en juegos de lucha y simulacros de caza mucho antes de eso. La vida de un leopardo puede ser breve y violenta, así que aprender el arte de sobrevivir a una edad temprana resulta vital.

SUPERGATO

Los leopardos se alimentan de unas 92 especies diferentes, desde escarabajos peloteros a jóvenes jirafas y, de vez en cuando, algún humano. Su éxito es el resultado de numerosas ventajas naturales. Sus garras, por ejemplo, son muy largas y afiladas. Los dientes son más fuertes, en relación a su tamaño, que los de un león. Tienen cuatro caninos en forma de daga que utilizan para perforar la carne y asestar un mordisco mortal. Los leopardos son cazadores nocturnos y su sentido de la vista es casi siete veces mejor que el de los humanos. No obstante, son su extraordinaria fuerza y agilidad las que hacen tan peligrosos a los leopardos. Un leopardo puede saltar a una distancia de 4,5 m para derribar a su presa. Una vez ha asestado el mordisco mortal, el leopardo esconderá la presa en lo alto de un árbol, donde podrá comérsela sin ser molestado. Aunque parezca increíble, se estima que un leopardo adulto puede subir a un árbol, a 6 m de altura, arrastrando un peso que triplica al de su propio cuerpo.

El leopardo rara vez ataca en campo abierto, sino que prefiere estar a cubierto para acercarse a su presa.

Tanto si se abalanza como si se lanza a una carrera por sorpresa, el leopardo golpea y muerde en el lomo al impala y lo mata.

Como el leopardo no consume toda la presa de una vez, la sube a rastras a un árbol, fuera del alcance de los carroñeros.

Después, almacena el animal muerto en un lugar seguro, como la rama de un árbol, donde volverá a comer con tranquilidad.

Mangosta

Empleando su agilidad y astucia natas, la mangosta se alimenta de uno de los mayores asesinos que existen en Asia: la serpiente. Entre los árboles, las colinas y las praderas de Asia, este pequeño y audaz animal se ha convertido en el cazador de cazadores por excelencia.

Pie trasero

Las diestras garras de las mangostas proporcionan un agarre adicional. Están cubiertas de un pelo espeso y erizado, a excepción de las puntas de los dedos.

Características	ORDEN: *Carnivora* / FAMILIA: *Viverridae* GÉNERO Y ESPECIE: *Herpestes spp*
PESO	1,7-4 kg
LONGITUD	
CABEZA Y CUERPO	48-60 cm
COLA	33-54 cm
MADUREZ SEXUAL	Entre el primer y segundo año de vida
ÉPOCA DE APAREAMIENTO	Varía según la zona
PERIODO DE GESTACIÓN	42-84 días
NÚMERO DE CRÍAS	De 1 a 4
DIETA	Mamíferos pequeños, pájaros, reptiles, invertebrados y ranas
ESPERANZA DE VIDA	12 años si viven en cautividad

Dientes

Los caninos afilados y cortantes
situados en la parte superior e
inferior de la mandíbula agarran y
sujetan a la presa. Las muelas
carniceras (justo detrás) cortan
y desgarran la carne.

Cuando el escritor Rudyard Kipling (1865-1936) contaba su historia de la gran guerra que la mangosta Rikki-tikki-tavi «libró en solitario en los baños del *bungalow* del acantonamiento Segawlee» contra las malvadas cobras Nag y Nagainaan, hizo que este tenaz y pequeño animal llamara la atención en el mundo occidental por primera vez. Sin embargo, en toda África y Asia la gente llevaba ya mucho tiempo apreciando las habilidades de este «matagigantes» del reino animal.

CONTROL DE PLAGAS

Los seres humanos han adiestrado y han tenido mangostas como mascotas durante miles de años. Antes de la introducción de los gatos en el antiguo Egipto, se tenían a las mangostas egipcias en casa para proteger a sus ocupantes de la amenaza de las serpientes. Eran tan veneradas que hasta se han encontrado sus diminutos cuerpos momificados en templos y tumbas. Durante siglos se utilizaron del mismo modo en la India. En el siglo XIX, los colonos las llevaron a Jamaica, Cuba y Hawái en un intento de controlar las plagas. Por desgracia, las mangostas no solo comen serpientes; su dieta también incluye varios reptiles pequeños, pájaros y huevos, que rompen arrojándolos contra las rocas. Después de que las aplicadas mangostas realizaran un buen trabajo de limpieza contra la población viperina de Jamaica, empezaron a ser una seria amenaza para otras especies autóctonas. La mangosta es un predador tan eficaz que muchos países han prohibido su importación en la actualidad, ya que pueden devastar la fauna local una vez se las deja sueltas.

DIFERENTES PERO IGUALES

Las mangostas pertenecen a la familia *Viverridae*, que incluye civetas y jinetas. Los miembros de este grupo

Hábitats de la mangosta

comparten muchas características con los gatos, aunque suelen tener las patas más cortas y el hocico más largo. El hocico es la parte de la cara que incluye la mandíbula y la nariz. El hocico de un gato es redondeado pero, como una mangosta tiene más dientes, su mandíbula se ha ampliado para acomodarlos.

Se encuentran varios tipos de mangosta en toda África, sur de Europa y Asia. La variedad asiática más grande es la mangosta cangrejera, que vive sobre todo en los valles pantanosos del Himalaya. Estos mamíferos acrobáticos pueden crecer hasta los 60 cm con una dieta de cangrejos,

Comparaciones

La mangosta prima se encuentra en gran parte del África subsahariana. Suele ser una de las más pequeñas de las muchas especies de mangosta que existen, aunque no es la menor. Esta distinción recae en la mangosta enana, que solo mide unos 24 cm de longitud. Subespecies más grandes, como la común india y la gris africana, crecen hasta alcanzar entre 40 y 60 cm.

Mangosta gris africana

Mangosta prima

ranas y peces. Otras dos subespecies se encuentran en toda Asia: la mangosta javanesa y la mangosta común india. La común india es probablemente la variedad pequeña más doméstica; tiene pelaje fuerte de color marrón amarillento, garras oscuras y manchas rosas alrededor de la nariz y los ojos. A pesar de las diferencias externas, todas las especies de mangosta son veloces y vigilantes por naturaleza, requisito previo para un animal que tiene una forma de vida desafiante hasta la muerte.

TÁCTICAS DE COMBATE

Se ha cronometrado una velocidad de hasta 11 km/h en serpientes como la mamba negra, e incluso variedades más lentas se pueden mover con asombrosa celeridad. El secreto del éxito de la mangosta contra un pronóstico tan abrumador es su propia rapidez de reflejos y, haciendo gala de un auténtico estilo militar, un minucioso conocimiento de las debilidades de su enemigo. Las mangostas utilizan diferentes estrategias, dependiendo del tipo de serpiente que vayan a cazar, aunque las demostraciones más espectaculares de osadía y ejercicios gimnásticos las ofrecen durante sus enfrentamientos con las cobras.

Cuando se inquieta, la cobra se endereza y se coloca en posición de ataque. La mangosta es lo suficientemente rápida como para anticiparse al más ligero movimiento de la serpiente, y consigue mantener inquieta a la cobra, pero fuera del alcance de su ataque, saltando hacia delante y hacia atrás en su línea de visión. La cobra, agotada por el esfuerzo que le supone mantener erguido su cuerpo, se tumba. Cuando sucede esto, la mangosta avanza hacia ella y le asesta un mordisco letal en la parte posterior del cuello. En este juego mortal las mangostas no siempre salen victoriosas, pero la naturaleza les ha otorgado también una tolerancia nata al veneno de serpiente.

Esta mangosta gris africana espía a un cuervo pío y hace una representación delirante de persecución de su propia cola para llamar la atención del ave.

El cuervo, curioso, baja volando para ver mejor a la mangosta, mientras esta da volteretas en el suelo de una forma muy nerviosa.

El cuervo, inquisitivo, aterriza y picotea al peculiar animal. Sin darse cuenta, se ha puesto al alcance de la mangosta.

De repente la mangosta gira y le golpea. Ya es demasiado tarde para que el cuervo pueda escapar.

Oso negro asiático

Con un fuerte golpe de sus poderosas zarpas, un oso negro asiático es capaz de derribar un animal del tamaño de un poni. Más feroz que el oso pardo más grande, este miembro relativamente pequeño de los *Ursidae* (familia de los osos) es de sobra conocido por su agresividad.

Pie

Cada zarpa contiene cinco garras largas y afiladas como cuchillas que no pueden retraerse (echarse hacia atrás) pero que sirven al oso de sujeción adicional.

Dientes

Como demuestran sus dientes, los osos negros asiáticos son omnívoros (comen animales y vegetales); por tanto, tienen dientes capaces de triturar y desgarrar.

Características

ORDEN: *Carnivora* / FAMILIA: *Ursidae*
GÉNERO Y ESPECIE: *Ursus tibetanus*

PESO	Macho: 50-120 kg
	Hembra: 42-70 kg
LONGITUD	Macho: 1,4-1,7 m
	Hembra: 1,1-1,4 m
MADUREZ SEXUAL	A los 3 años
ÉPOCA DE APAREAMIENTO	Meses estivales
PERIODO DE GESTACIÓN	Hasta 220 días (incluyendo implantación retardada)
NÚMERO DE CRÍAS	Normalmente 2
INTERVALO ENTRE NACIMIENTOS	2-3 años
DIETA	Vegetación carnosa, fruta, nueces, insectos y carroña
ESPERANZA DE VIDA	Hasta 25 años

Hábitats del oso negro asiático

Con largo pelaje alrededor de los hombros y el cuello, grandes orejas peludas y andares pesados, el oso negro asiático se parece bastante a un «oso de peluche» que ha crecido mucho. Estos poderosos mamíferos pueden parecer adorables, pero las apariencias engañan. En realidad, son cazadores hábiles y predadores peligrosos. A pesar de su volumen, un oso negro asiático enfadado responde rápidamente a cualquier cosa o ser vivo que le amenace a él o a sus crías.

¿QUÉ IMPORTA EL NOMBRE?

Hay siete especies principales de osos en todo el mundo: el oso americano, el oso negro asiático, el oso pardo, el oso polar, el perezoso, el oso de anteojos y el oso malayo. Los pandas gigantes también se clasifican algunas veces como osos, aunque muchos zoólogos creen que están más relacionados con los mapaches. Tradicionalmente todos los animales tienen un nombre en latín que permite a los científicos identificarlos con claridad. Según este método, llamado «taxonomía», el oso negro pardo asiático se llama *Ursus tibetanus*. No obstante, estos nombres tan complicados no suelen utilizarse en la vida diaria. Se emplean preferentemente los nombres comunes que, sin embargo, pueden resultar confusos porque varían de un país a otro. Al oso negro asiático, por ejemplo, se le conoce como himalayo o tibetano porque vive en las montañas y colinas de ambas regiones. Algunas veces también se le llama oso luna debido a una marca blanca en forma de media luna que tiene en el vientre y que ayuda a distinguirlo del oso negro americano, al que, por otro lado, se parece en tamaño y aspecto.

GRAN APETITO

En su entorno natural de bosques y colinas del sur y este de Asia, la comida favorita de un oso negro asiático consiste en mamíferos pequeños, reptiles y peces. Aunque son más carnívoros que sus homólogos americanos, completarán su dieta anual con huevos, bayas, semillas, nueces y hojas. Conforme al estereotipo, también les encanta la miel. Con ayuda de sus poderosas zarpas, un oso hambriento puede rasgar una colmena con facilidad para acceder al panal de miel de su interior. Por suerte, su espeso pelaje evita que resulte seriamente dañado por los picotazos de las enfadadas abejas.

Comparaciones

El oso de anteojos es el único oso que hay en América del Sur. Separado de su pariente asiático por las aguas del océano Pacífico, este oso pequeño probablemente llegó a América hace millones de años, antes de que se dividieran las masas de tierra. No obstante, a pesar de la distancia y el tiempo que separan estas dos especies, aún comparten muchas características. Aunque pequeño, el oso de anteojos es ágil y fuerte, como todos los osos. También es oportunista en su alimentación y disfruta de una dieta variada.

Oso de
anteojos

Oso negro
asiático

La mayoría de los osos duermen durante el invierno en una cueva o madriguera. Al disponer con facilidad de abundante comida con alto contenido de proteínas y calorías, como semillas, nueces y miel, son capaces de almacenar grasa suficiente en el cuerpo para evitar la inanición durante los meses yermos, cuando el alimento puede llegar a escasear. Se cree que el oso negro asiático no llega a hibernar del todo; aún así, duerme lo suficiente como para necesitar estas reservas adicionales. Todo esto significa que el oso asiático en estado salvaje disfruta de una dieta variada al comer alimentos de origen vegetal y animal. Cuando el oso se encuentra en situaciones poco habituales, empieza a abandonar sus patrones normales de conducta, y es entonces cuando surgen los conflictos con los humanos.

AMENAZADOS

En China se mata a los osos negros por su vesícula biliar, considerada un ingrediente esencial de muchas medicinas tradicionales. En Taiwán las garras del oso constituyen un manjar. En India es frecuente capturar oseznos para obligarlos a bailar en público debido a su habilidad nata para mantener el equilibrio sobre sus patas traseras. En general, por toda Asia los osos están amenazados de varias maneras, siendo el humilde granjero su mayor enemigo. Para un oso, una granja llena de animales sanos es la despensa ideal. Así que no debe sorprender que, cuando surja la oportunidad, el oso negro asiático no dude en matar y comer cerdos, ovejas y vacas a pesar de que estos animales son mucho más grandes que su presa natural. De igual modo, desde el punto de vista de un oso, un granjero enfadado que protege a sus animales representa un rival que intenta entrometerse entre él y una comida que es de fácil acceso. El resultado, en toda Asia, es de muerte en ambas partes y, cada vez más, el oso negro es el gran perdedor en esta batalla por la tierra y los recursos que ofrece.

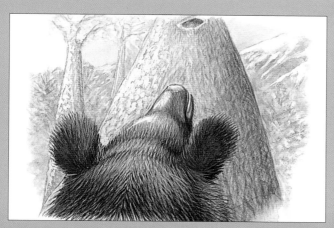

Con ayuda de su agudo sentido del olfato, el oso sigue el rastro de la miel hasta el nido de abejas salvajes situado en lo alto de un tronco de árbol.

Aunque el oso pesa mucho, su increíble fuerza y sus garras curvadas son muy apropiadas para trepar de manera muy eficaz por los árboles.

Gracias a su espeso pelaje, el oso está bien protegido contra las picaduras de las abejas mientras saquea la colmena. El panal y las larvas de abeja le proporcionan muchas calorías y proteínas.

El oso se atiborra del dulce panal que ha conseguido robar, ignorando a las enfadadas abejas que vuelan en enjambre a su alrededor.

Pitón reticulada

A diferencia de las pitones africanas, que prefieren campo abierto, las pitones reticuladas se encuentran igual de cómodas en el suelo que en las copas de los árboles o en el agua. Cazadoras silenciosas y mortales, estas enormes serpientes son felices comiéndose casi cualquier animal.

Hoyos

Unos órganos sensibles al calor con forma de hueco permiten a la serpiente encontrar a su presa siguiendo el rastro del cuerpo caliente del animal.

Lengua bífida

Cuando una serpiente saca la lengua, está recogiendo partículas olorosas del aire. Estas son analizadas por un órgano sensible al olor llamado órgano de Jacobson.

Características	ORDEN: *Squamata* / FAMILIA: *Boidae* / GÉNERO Y ESPECIE: *Python reticulatus*

PESO	Hasta 115 kg
LONGITUD	Promedio de un adulto: 5-6 m
	Alguna vez alcanza los 9 m
MADUREZ SEXUAL	A los 5 años
ÉPOCA DE CRÍA	Variable
NÚMERO DE HUEVOS	Hasta 100, pero normalmente de 20 a 50
PERIODO DE GESTACIÓN	10-12 semanas
INTERVALO ENTRE PUESTAS	11-13 semanas
INTERVALO ENTRE PERIODOS DE CRÍA	1 año
DIETA	Pequeños mamíferos, pájaros y reptiles
ESPERANZA DE VIDA	Desconocida en estado salvaje; hasta 27 años en cautividad

Los herpetólogos estiman que debe haber unas 2.700 especies de serpientes. De todas ellas, las pitones son las que más claramente descienden de los «lagartos sin patas» ya que, en el extremo de sus cuerpos robustos, tienen pequeños muñones que son vestigios de patas traseras que han reducido su tamaño y utilidad con el paso de muchos miles de años.

CRÍAS ROBUSTAS

Las pitones reticuladas se encuentran entre los miembros más grandes de la familia *Boidae*, que incluye a las anacondas sudamericanas y a las boas constrictoras. Nadie sabe con seguridad cuánto pueden vivir las serpientes en estado salvaje; existen referencias de que algunas alcanzan los 70 años, pero se cree que 20 años es lo normal. Las serpientes continúan creciendo toda su vida; por tanto, no es extraño que estos largos reptiles lleguen a alcanzar los 9 m de longitud. Hay que destacar que la mayor parte de su crecimiento sucede durante los primeros cuatros años de vida de la serpiente.

Otros miembros de la familia *Boidae*, como la boa constrictora, dan origen a crías vivas. Sin embargo, la pitón reticulada hembra resulta poco corriente porque no solo pone los huevos, sino que también los incuba (sentándose) durante tres o cuatro meses. Empleando su cuerpo a modo de incubadora, contrae los músculos para producir el calor que mantiene templados los huevos y aumentar así las oportunidades de éxito de la nidada: las crías de pitón reticulada son unas serpientes sanas que miden entre 60 y 80 cm al nacer, y son capaces de triplicar su longitud en sus primeros años de vida.

¡AQUÍ ESTÁN LOS DRAGONES!

La palabra dragón procede del griego antiguo y significa serpiente; es probable que el origen de esta criatura legendaria sea una pitón y no un lagarto grande. En *Historia*

Oculta en un lugar seguro del suelo del bosque, la pitón reticulada hembra pone una nidada que tiene entre 20 y 50 huevos.

Para protegerlos de los predadores, la hembra envuelve con su cuerpo los huevos recién puestos y permanece así hasta que eclosionan.

Los bebés serpiente han desarrollado en el hocico un afilado «diente de huevo» cuya función es ayudarles a romper la cáscara del huevo cuando termina su periodo de gestación de 90 días.

Las serpientes recién nacidas tienen que valerse por sí mismas sin ayuda de la madre. Aunque están completamente desarrolladas, miden solo entre 60 y 75 cm de longitud.

de serpientes, escrita en 1608, Edward Topsell describe cómo un dragón mata a un elefante.

«Se ocultan en los árboles… En esos árboles vigilan hasta que el elefante viene a comer y a cortar las ramas, entonces, de repente, antes de que se dé cuenta, saltan… y… enroscan sus colas o patas traseras al elefante hasta que lo dejan sin aliento, al tiempo que lo estrangulan con sus patas delanteras.»

Las pitones son constrictoras, lo que significa que presionan a su presa hasta la muerte. Aunque, en realidad, es poco probable que una pitón pudiera matar un elefante, esta descripción de la técnica del dragón evoca muy bien el famoso abrazo asfixiante de la pitón.

UN FUERTE ABRAZO

Las pitones son habitantes natas de la selva; su cola prensil les permite trepar por los árboles con facilidad, y el dibujo en forma de red (reticulado) que adorna su piel las vuelve casi invisibles entre las hojas. Sin embargo, al parecer, sienten una especial querencia por los asentamientos humanos. En el pasado fueron asiduas visitantes nocturnas de las calles de la ciudad tailandesa de Bangkok, donde muchos gatos, perros y ratas ofrecían la oportunidad de una comida fácil de obtener.

Cuando caza en su entorno natural, una pitón puede permanecer inmóvil durante muchas horas, hasta que una víctima llega a su alcance. Usando sus mandíbulas para sujetar a la presa, la pitón irá enroscando su cuerpo alrededor del animal cautivo y empezará a apretarlo con fuerza lentamente. Si su presa respira, la pitón apretará aún

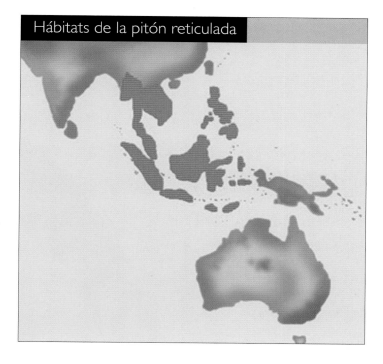

Hábitats de la pitón reticulada

más sus anillos hasta que la víctima muera asfixiada. Como todas las serpientes, la pitón reticulada puede tragar animales mucho más grandes que ella, presas que alcanzan el asombroso peso de 54 kg. Incluso hay unos cuantos relatos fiables que hablan de pitones que han comido leopardos, un oso de 80 kg y, en algunas ocasiones, niños. Una vez ha comido, el estómago y la piel de la pitón se estiran para alojar el alimento. La serpiente puede tardar varios días en digerir un gran festín antes de regurgitar (expulsar) una bola de piel, que es la única parte de su víctima que no puede comer ni digerir.

Comparaciones

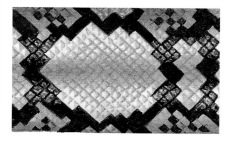

Pitón reticulada

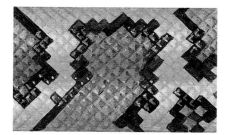

Pitón india

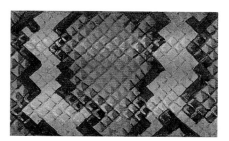

Pitón birmana

Las serpientes obtienen su color de células de pigmentos que se encuentran debajo de las capas de su piel. En algunos casos la coloración también se debe a la forma en que las escamas, que cubren su cuerpo, absorben o reflejan la luz. Las pitones reticuladas se llaman así por el peculiar dibujo de su piel, que se supone se parece a una red. Una de las formas más fáciles de identificar especies diferentes de serpiente es observando la coloración de su piel. Como muestran estas imágenes, hay claras diferencias incluso entre miembros de la misma familia, por lo que cada una tiene sus propias características.

Tigre de Bengala

El tigre es el animal más grande de la familia de los felinos. Su cuerpo elegante y musculoso y sus miembros fuertes le convierten en un cazador eficaz, pero son su fortaleza y belleza las que han hecho de él uno de los grandes carnívoros más admirados y temidos.

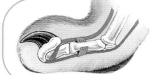

Dientes

Empleando sus cuatro caninos como cuchillos, el tigre de Bengala mata a su presa con eficacia.

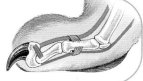

Garras

Utiliza las largas garras para desgarrar y sujetar a la presa. Cuando no las usa puede plegarlas hacia atrás e introducirlas dentro de la zarpa para evitar que se desgasten.

Orejas

Las manchas blancas en forma de media luna que se encuentran en el pelaje de detrás de las orejas ayudan a diferenciarle fácilmente de otros tigres cuando cazan al amparo de la oscuridad.

Características	ORDEN: *Carnivora* / FAMILIA: *Felidae* / GÉNERO Y ESPECIE: *Panthera tigris tigris*
PESO	180-265 kg
LONGITUD	
CABEZA Y CUERPO	1,9-2,2 m
COLA	80-90 cm
ALTURA DESDE LOS HOMBROS	90-95 cm
MADUREZ SEXUAL	Hembra, a los 3-4 años Macho, a los 4-5 años
ÉPOCA DE APAREAMIENTO	De invierno a primavera
PERIODO DE GESTACIÓN	95-112 días
NÚMERO DE CRÍAS	2-4
DIETA	Sambares, ciervos axis, búfalos, jabalíes, gaures y monos
ESPERANZA DE VIDA	Hasta 26 años en estado salvaje

Comparaciones

Un tigre de Bengala adulto puede crecer hasta los 3 m de longitud. Por su parte, un tigre siberiano puede alcanzar los 3,6 m, lo que le convierte en el felino más grande del mundo. También es más peludo y tiene las rayas mucho más pálidas que sus parientes tropicales. Esta similitud no es accidental: todas las subespecies de tigre del mundo descienden del tigre siberiano.

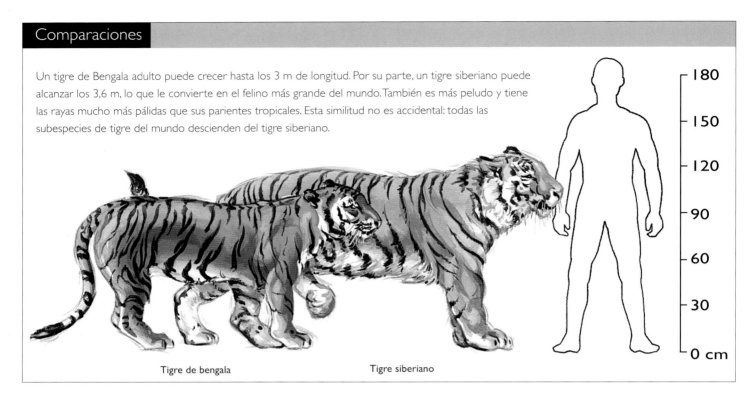

Tigre de bengala   Tigre siberiano

180
150
120
90
60
30
0 cm

Los occidentales no conocieron al tigre hasta el siglo XVIII, época en la que los británicos empezaron a colonizar la India. Su miedo y fascinación por este famoso asesino de hombres se resume en la tal vez mejor obra del poeta William Blake (1757-1827), titulada *El tigre*. En ella Blake especula sobre si Dios realmente pudo haber creado esta criatura tan hermosa y a la vez tan terrible:

«¡Tigre! ¡Tigre!, reluciente incendio
en las selvas de la noche;
¿Qué mano inmortal u ojo
pudo trazar tu terrible simetría?»

Durante siglos este sobrecogimiento y miedo ha avivado el debate entre cazadores y ecologistas, y ahora son ellos los que tienen en sus manos el futuro de este magnífico animal.

RELACIONES PELIGROSAS

El tigre de Bengala macho vive y caza en solitario. Cuando se encuentra con otros tigres, frotarán sus cabezas a modo de saludo amistoso e incluso, de vez en cuando, compartirán una presa pero, al igual que los guepardos, son solitarios por lo general. Pueden pasar hasta dos años antes de que un cachorro de tigre pueda alimentarse por sí mismo. Hasta entonces confía en su madre, quien ocasionalmente caza con su pareja. Sin embargo, tener un macho alrededor puede resultar peligroso. Igual que sucede con otros muchos miembros del reino animal, los machos matarán a los cachorros de la hembra en alguna ocasión si estos descienden de otro macho. Es el modo de asegurar que sus genes, y no los de su rival, pasarán a la siguiente generación.

Las hembras pueden parir hasta seis cachorros, pero estos primeros años son tan peligrosos que solo unos cuantos llegan a ser adultos.

Una vez que se han hecho mayores, los tigres son oportunistas en su alimentación y comen de todo, desde pequeños mamíferos hasta animales de granja, si les resulta fácil disponer de ellos. En general los tigres prefieren presas grandes; pueden comer 30 kg de carne de una sentada y derribar con facilidad a un buey adulto.

Hábitats del tigre de Bengala

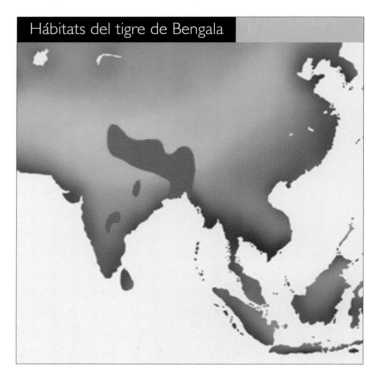

CAZA Y PESCA

Los tigres viven en las lindes de los bosques y zonas pantanosas, y abandonan la seguridad de los árboles solo por la noche, cuando van a cazar. Con ayuda de su fino sentido de la vista y su agudo olfato, que les permiten seguir el rastro de un animal, un tigre de Bengala tiene que cronometrar su ataque para conseguir el máximo efecto, ya que solo es capaz de correr a mucha velocidad durante poco tiempo, antes de estar demasiado cansado para continuar la persecución.

Saltando desde su escondite, un tigre agarrará a su víctima por los cuartos traseros y empleará sus garras y su peso para derribarla. Una vez muerta la presa, el tigre suele llevarse el cuerpo a un lugar oculto, donde podrá regresar más tarde a seguir comiendo.

Provisto de fuertes hombros y patas delanteras, un tigre de Bengala sano es capaz de arrastrar un peso muerto de 230 kg a más de 500 m. Sin embargo, si escasean las presas grandes, el tigre se contentará cazando a orillas del agua o en praderas. Como todos los felinos, los tigres son muy ágiles y, gracias a sus garras, se convierten en hábiles pescadores.

TEMOR Y ODIO

De los ocho tipos de tigre que existen en el mundo, es probable que tres de ellos se extingan dentro de poco tiempo. Hoy en día, el tigre de Bengala se encuentra en la lista de animales en peligro de extinción. Los humanos han estado matando tigres durante siglos. En la época de William Blake, los cazadores los mataban a miles y conservaban sus pieles y cabezas como trofeos. Más recientemente, se han atrapado tigres por su piel o diferentes partes de su cuerpo que se utilizan en la medicina china tradicional.

No obstante, el temor es el primer factor que incide en el continuo descenso del número de tigres. Los tigres matan humanos, pero normalmente solo cuando son demasiado viejos para cazar animales más rápidos o cuando escasean sus presas naturales. En Bangladesh, que es uno de los países con más densidad de población del mundo, la cifra de personas muertas a causa de los tigres de Bengala ha aumentado en los últimos años. Cuando el hombre empieza a aclarar bosques y manglares para construir granjas, al tigre no le queda otra elección que la de defender su territorio.

El ternero de búfalo no es consciente del peligro porque el tigre está situado en la dirección del viento.

Una vez se ha aproximado a la suficiente distancia para atacar, el tigre salta. Viendo por fin el peligro, el ternero intenta huir.

Impulsándose hacia delante con sus fuertes patas traseras, se abalanza sobre el cuello del ternero.

Si la columna vertebral del ternero no se ha roto con el golpe inicial, el tigre lo mata mordiéndolo en la garganta.

OCÉANO
ATLÁNTICO
NORTE

Escandinavia

EUROPA

MAR DEL
NORTE

Montes Cárpatos

Alpes

Macizo
Central

Apeninos

MAR
NEGRO

MAR
MEDITERRÁNEO

Norte de África

Cáucaso

Europa

~

Europa comprende solo una quinta parte de la enorme masa de tierra euroasiática, pero abarca una asombrosa variedad de pueblos y culturas. A pesar de que suelen estar densamente pobladas e industrializadas, las diferentes regiones de Europa todavía contienen una parte significativa de animales peligrosos.

Si pudiéramos imaginarnos Europa desde el aire, lo que veríamos se parecería a un enorme e intricado rompecabezas en 3D. Para ser un continente relativamente pequeño hay algunas diferencias sorprendentes. Viajando hacia su extremo noroeste llegaríamos a Islandia. Situada en el mismo borde de Europa, esta masa de tierra helada, en el corazón de los vientos, casi se sujeta al borde del Círculo Polar Ártico. Trasladándonos hacia el sur, llegamos a las Islas Británicas, un archipiélago pequeño, verde y templado. Al penetrar en la Europa continental, se mantienen los contrastes. Hacia el sur llegaríamos a las llanuras secas y tostadas por el Sol de España y

Portugal. Por el este, a los ondulantes viñedos de Francia. Si ahora viajamos más deprisa, avanzamos a través del corazón de Europa cruzándola de extremo a extremo. Divisamos campos de flores, pueblos en las montañas alpinas y terrenos agrícolas llanos y ricos hasta que por fin alcanzamos la amplia extensión que ocupan las estepas rusas.

Unidos por vínculos culturales e históricos comunes, los países por los que acabamos de viajar virtualmente siguen siendo piezas separadas dentro del gigantesco rompecabezas europeo. Cada uno de ellos posee su propia geología, flora y fauna. Aunque muchos de los grandes predadores de Europa hace tiempo que fueron alejados debido al crecimiento de las ciudades y la industria, todavía hoy cada una de estas naciones alberga a sus propios animales «peligrosos».

Jabalí

Loco, mal intencionado y peligroso, el jabalí es uno de los animales salvajes más agresivos de Europa. Entre los suyos, el jabalí no dará cuartel en las luchas por el derecho de apareamiento y el predominio. Para otros animales es un vecino al que es mejor evitar, ya que este cerdo con colmillos tiene muy mal genio.

Coloración del jabato

Los jabatos recién nacidos poseen un peculiar pelaje rayado. Este les proporciona un camuflaje ideal entre los bosques y la maleza. Estas rayas van oscureciéndose lentamente a partir del medio año de vida.

Características	ORDEN: *Artiodactyla* / FAMILIA: *Suidae* GÉNERO Y ESPECIE: *Sus scrofa*
PESO	50-350 kg
LONGITUD	
CABEZA Y CUERPO	90-180 cm
COLA	30-40 cm
ALTURA DESDE LOS HOMBROS	55-110 cm
MADUREZ SEXUAL	A los 8-10 meses, pero las hembras suelen criar a los 18 meses y los machos a los 5 años
ÉPOCA DE APAREAMIENTO	Todo el año en los trópicos; en otoño en zonas templadas
PERIODO DE GESTACIÓN	100-140 días
NÚMERO DE CRÍAS	De 1 a 12, pero normalmente de 4 a 8
INTERVALO ENTRE NACIMIENTOS	1 año
DIETA	Una amplia variedad de vegetales y animales
ESPERANZA DE VIDA	15-20 años

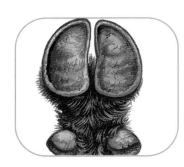

Pezuña abierta

El jabalí es uno de los muchos animales que se describen como de pezuña hendida, es decir, abierta.

El jabalí se puede encontrar en Europa, África y Asia. Están extintos en el Reino Unido desde el siglo XIII, pero se han visto últimamente en algunas zonas rurales después de escaparse de granjas.

COMIDA, ESPLÉNDIDA COMIDA

Los jabalíes viven en zonas boscosas tranquilas y son forrajeadores natos que saben cómo hacer el mejor uso de los recursos que les rodean. Uno de los mayores activos de un jabalí es su morro, ese hocico cuadrado y largo que utiliza como herramienta multiuso para olfatear y excavar para conseguir raíces, tubérculos, bellotas, castañas y lombrices. También comen carroña, especialmente en invierno, y de vez en cuando matan pequeños pájaros, mamíferos y reptiles. Últimamente también se ha acusado a los jabalíes de apoderarse de corderos de las granjas, pero es probable que ya estuvieran muertos, ya que los jabalíes suelen rebuscar más que cazar de un modo activo.

Después de comer, nada le gusta más a un jabalí que darse un buen revolcón en el barro. Lo hace principalmente para mantener su piel libre de parásitos pero, al igual que el cerdo doméstico, parece que disfruta de ello.

¡GRITA BIEN ALTO!

Los jabalís son animales muy comunicativos. Emplean una amplia variedad de movimientos corporales, olores, gruñidos, piadas y chillidos para comunicarse con el resto de la manada, que es un grupo matriarcal (liderado por una hembra) llamado piara. Los machos son solitarios, pero durante la época de apareamiento se hacen muy activos y ruidosos. Las competiciones entre machos por el derecho a aparearse con las hembras comienzan con un bufido alto de desafío que puede oírse a 18 m de distancia. Este bufido puede conducir a un duelo en el que los colmillos del jabalí (en realidad caninos inferiores alargados) juegan un papel decisivo. Los duelos suelen ser violentos y sangrientos, y los

Revolcarse en el barro beneficia en varios sentidos: no solo refresca al jabalí, también evita infecciones y espanta a las moscas.

Otro macho intenta meterse por la fuerza al bañadero. La lucha parece inevitable.

Los jabalíes cargan el uno contra el otro atacando y rasgándose con los colmillos. Se producirán heridas graves.

Victorioso, el jabalí defensor echa al intruso, que ha resultado herido y vencido.

oponentes acaban gravemente heridos, si no muertos, por las heridas causadas por el otro contrincante. Las hembras (jabalinas) también atacan a otras dentro de la piara para establecer su dominio.

Cuando son más peligrosos es cuando les molestan, tanto hombres como otros animales. Esto es especialmente cierto si las jabalinas deben proteger a sus jabatos, ya que son unas madres devotas. La mayoría de los jabalíes correrán huyendo de los humanos a menos que estén acorralados, pero las hembras atacarán a cualquier posible agresor para echarlos de su nido. Los jabatos permanecen en la piara durante unos dos años, momento en que los jóvenes machos la abandonan una vez se han desarrollado sus colmillos completamente.

ENCUENTRO DE LA ANTIGÜEDAD CON LA MODERNIDAD

Durante miles de años se ha cazado al jabalí por su carne. Hoy en día las cacerías de jabalíes todavía son comunes en toda Rusia y Estados Unidos. La popularidad de la caza del jabalí se debe principalmente a su famosa naturaleza agresiva, que ofrece un incentivo adicional a la cacería. Los cazadores modernos utilizan por lo general escopetas, pero en la India todavía los matan mientras van montados a caballo y armados con unas lanzas largas llamadas «pig-sticks». Esta tradición se remonta a la Edad Media, cuando los cazadores montados a caballo seguían el rastro de un jabalí y utilizaban grandes perros de caza para agotarlo. Alain de Lille describió en 1202 hasta qué punto este combate era desigual para los perros: «Allí estaba el

jabalí, con su arma asesina en los colmillos, condenado a muerte por los perros, aunque muchos resultaban heridos». Después los cazadores terminaban de matarlo a pie, usando lanzas largas con lengüeta, que era necesaria para evitar que el jabalí hiriera al cazador. Aunque las clavaran en el corazón del animal, con frecuencia el jabalí estaba tan enfurecido que continuaba corriendo con la lanza clavada e intentaba atacar al cazador con sus colmillos. Da la impresión de que el jabalí es tan peligroso ¡tanto vivo como moribundo!

Comparación

El jabalí verrugoso africano es un pariente cercano del jabalí europeo. De tamaño mucho más pequeño, el jabalí verrugoso también tiene menos pelo, lo cual es consecuencia de vivir en un clima mucho más templado. La diferencia más notable entre los dos jabalíes reside en los enormes colmillos que tiene el verrugoso.

En realidad son caninos alargados, que en la mayoría de los predadores son los dientes que se utilizan para dar el golpe mortal. Como estos grandes dientes curvados resultan inútiles para ese tipo de trabajo, su propósito principal es el de hacer demostraciones en la época de apareamiento.

Jabalí verrugoso

Jabalí europeo

Lobo gris

Apodados «los hijos de la noche» por el escritor de historias de terror Bram Stoker (1847-1912), la manada de lobos goza de una oscura fama. Utilizando sus puntos fuertes y aprendiendo a explotar las debilidades de sus presas, una manada de lobos grises es observadora e ingeniosa (rasgos que la convierten en una formidable máquina de cazar).

Pies

Los lobos, a diferencia de los gatos salvajes, no pueden retraer sus garras, así que las emplean para agarrarse mejor cuando corren.

Mandíbulas

Una vez que han atrapado a su presa, los lobos grises pueden ejercer con sus mandíbulas el doble de fuerza que un perro pastor alemán de tamaño similar.

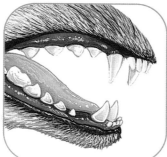

Sentido del olfato

Los conductos nasales de los lobos son cuatro veces más largos que los de un humano. Esto les proporciona un agudo sentido del olfato. Según algunas estimaciones, es 100 veces más sensible que el del ser humano.

Características	ORDEN: *Carnivora* / FAMILIA: *Canidae* GÉNERO Y ESPECIE: *Canis lupus*
PESO	18-80 kg. El macho pesa más que la hembra
LONGITUD	
CABEZA Y CUERPO	1-1,47 m
COLA	33-50 cm
ALTURA DESDE LOS HOMBROS	66-96 cm
MADUREZ SEXUAL	En la hembra, al cumplir 1 año; en el macho, a los 2 años
ÉPOCA DE APAREAMIENTO	Final del inviermno y principio de primavera
PERIODO DE GESTACIÓN	60-63 días
NÚMERO DE CRÍAS	Normalmente 5 o 6
INTERVALO ENTRE NACIMIENTOS	1 año
DIETA	Principalmente mamíferos grandes que pacen, pero también algunos pequeños
ESPERANZA DE VIDA	Hasta 17 años

Comparaciones

La variedad de color y tamaño de los lobos resulta sorprendente. Mientras el lobo europeo común se parece a un perro pastor alemán peludo, el aguará guazú de América tiene el pelaje rojo y la patas largas y se parece más a un zorro con zancos que a un lobo. Los lobos negros también son bastante comunes, mientras que las variedades de pelaje blanco se pueden encontrar en las latitudes extremas del Ártico.

| Lobo gris | Lobo ártico | Lobo negro | Lobo ibérico |

El nombre científico del lobo gris es *Canis lupus* (*canis* significa «perro» y *lupus* significa «lobo»). En realidad el lobo gris es el miembro más grande de la familia del perro, en la que también se incluyen coyotes, chacales y zorros. Aunque su tamaño varía según las regiones, el gris suele ser más pequeño en climas más calurosos. En Europa y América del Norte un macho puede pesar unos 40 kg, lo cual hace que esta subespecie se parezca mucho al perro pastor alemán.

EL LOBO FEROZ

Los lobos grises han estado tan extendidos como el ser humano en todo el mundo. Aunque se pueden encontrar en el Ártico, en América del Norte y en Rusia, en Europa central, del norte y del este, y desde Italia hasta Finlandia, muchas subespecies se hallan ahora en peligro de extinción.

Así como los humanos domaron, entrenaron y aprendieron a valorar a los perros, nuestra relación con el lobo siempre ha sido difícil. Aunque es posible que les hayamos respetado como grandes cazadores, los primeros humanos tuvieron que competir con ellos por la comida, y algunas historias nos recuerdan, como es el caso del cuento de *Caperucita roja,* que podemos terminar formando parte de su menú. Posteriormente, cuando los humanos comenzaron a asentarse en comunidades sedentarias y agrícolas, los lobos se convirtieron en una amenaza para el sustento porque atacaban y se comían a los animales de las granjas. Como consecuencia, a medida que los asentamientos humanos se han ido extendiendo por todo el mundo, la población de lobos ha ido sufriendo cada vez más. En el Reino Unido los lobos salvajes se exterminaron en el siglo XVI; en Irlanda perduraron hasta el siglo XIX. Hoy en día se está trabajando para asegurar que uno de los últimos cazadores de Europa tenga la oportunidad de sobrevivir y prosperar.

TÁCTICAS DE EQUIPO

Los lobos son animales de equipo. Viven y cazan en grupos familiares formados normalmente por no menos de diez individuos. Esta existencia cooperativa les permite matar animales mucho más grandes y rápidos de lo que es normal para un predador de su tamaño.

Hábitats del lobo gris

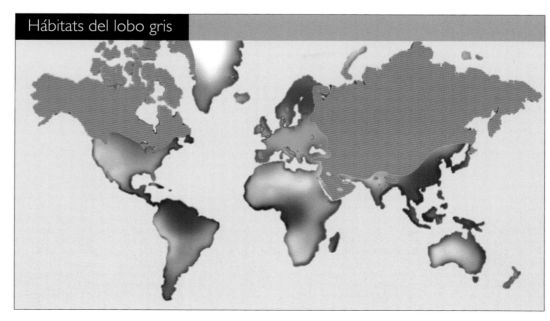

De hecho las partidas de caza son un clásico ejercicio de trabajo en equipo. La caza comienza con el aullido del macho dominante para llamar y reunir a los demás miembros de la manada. Una vez reunidos salen en busca de la presa. Manteniéndose en la dirección del viento, de modo que la víctima no pueda detectarlos por el olor, los lobos avanzarán despacio hasta acercarse lo suficiente para poner a prueba y cansar a su presa. Los lobos tienen gran resistencia, así que una persecución puede durar muchas horas.

Sin embargo, incluso un golpe de un reno o de un jabalí cansado, pero furioso, puede matar a un lobo, por lo que la manada no siempre se acerca directamente. En su lugar, por ejemplo, unos cuantos miembros del grupo distraen a la presa mientras que otros la rodean por detrás para atacarla. En otras ocasiones la manada se puede dividir: la mitad de los lobos conducen a la presa hacia la otra mitad. Es este tipo de colaboración increíble la que ha propiciado que la palabra lobo sea sinónimo de habilidad y astucia.

VIVIR EN COMUNIDAD

Vivir en grupo tiene otras ventajas para los lobos. Dentro de cada manada hay un macho «alfa» dominante y una hembra. Los otros miembros de la manada suelen estar emparentados con ellos por varias generaciones. Solo se aparea la pareja dominante, pero todos los demás miembros del grupo tienen la responsabilidad de cuidar y alimentar a los cachorros; así, aumentan las posibilidades de que un número mayor de cachorros sobreviva hasta alcanzar la edad en la que se les considera adultos.

Los territorios de los lobos pueden comprender hasta 2.000 km² en las regiones árticas; toda la manada tiene la responsabilidad de defender su territorio de los intrusos. Los lobos jóvenes maduran al año de nacer. A esa edad pueden abandonar el territorio para formar manadas propias. No obstante, si la comida escasea, puede permanecer varios años más fortaleciéndose y ayudando al grupo a sobrevivir durante los periodos de escasez.

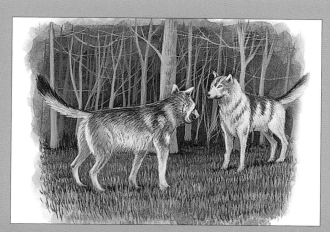

Con las orejas erectas y las colas levantadas, estos dos machos intentan establecer la jerarquía en la manada.

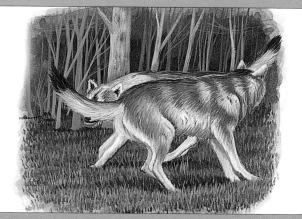

El macho más viejo y fuerte da un golpe agresivo con el cuerpo al macho más joven, un gesto que indica dominio.

El macho más viejo enseña los dientes. Acobardado por esta demostración, el macho más joven baja las orejas y aparta la mirada del macho dominante.

Para aplacar al lobo más viejo, el joven se da la vuelta y deja expuesto su vientre. Este gesto de sumisión muestra que acepta su rango inferior.

Lucio

Casi todos los pescadores tienen alguna historia que contar sobre «ese que se les escapó», ese enorme pez con el que lucharon durante día y medio antes de que se rompiera el sedal. Se cuentan muchas historias de este tipo sobre el lucio, que ha adquirido casi un estatus legendario en la comunidad de la pesca deportiva por su gran tamaño, ferocidad y proezas como cazador.

Dientes

La enorme boca del lucio tiene filas de dientes afilados como cuchillas. Estos se inclinan hacia atrás para proporcionar un mejor agarre de la presa.

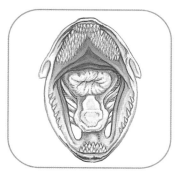

Tamaño

Aunque varía de tamaño dependiendo de la zona del mundo en la que viva, el lucio, gran predador acuático, puede llegar a alcanzar longitudes increíbles. En general es la hembra la que suele crecer hasta alcanzar un tamaño mucho más grande debido a su capacidad reproductora.

Características	ORDEN: *Salmoniformes* / FAMILIA: *Esocidae* / GÉNERO Y ESPECIE: *Esox lucius*
PESO	Macho: 4-5 kg; hembra: hasta 34 kg
LONGITUD	Macho: 60-90 cm; hembra: hasta 1,5 m
MADUREZ SEXUAL	A los 3-4 años
ÉPOCA DE CRÍA	En primavera
INTERVALO ENTRE NACIMIENTOS	1 año
NÚMERO DE HUEVOS	De 16.000 a 70.000
DIETA	Peces sobre todo; también ratas de agua, ratas y aves acuáticas
ESPERANZA DE VIDA	Machos entre 7 y 10 años; hembras hasta 25 años

Hábitats del lucio

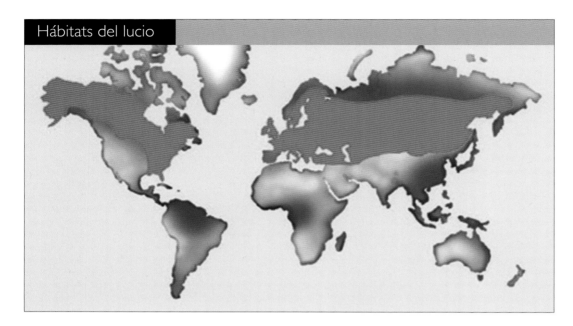

La parte más notable del lucio es la cabeza. Es muy grande y tiene un pico alargado que sobresale. Esto es lo que más destaca de este gran predador submarino. El lucio tiene pocos dientes, pero largos y afilados, en la mandíbula inferior. La superior (maxilar) posee un arsenal de dientes puntiagudos e inclinados hacia atrás, alineados en el hueso palatino y el vómer (techo de la boca). El lucio puede abrir muchísimo la boca, lo que le permite tener una dieta variada. Cuando es joven, el lucio come insectos y peces pequeños, pero a medida que va creciendo captura presas más grandes; de ahí su reputación de comedor voraz. Desde luego, disfruta «comiéndose a sus vecinos», a las truchas y a las percas en particular, pero también se come a otros lucios alguna vez. También se ha sabido que el lucio come aves acuáticas y mamíferos, entre los que se encuentran pollas de agua, patos, ratas de agua y ratas almizcladas.

Los lucios y umbras pertenecen al suborden *Esocoidei*, un grupo de peces ampliamente distribuido en los lagos y estanques de agua dulce y fría de todo el hemisferio norte. El lucio europeo, conocido como lucio norteño en Estados Unidos, es quizás el más conocido de esta especie de aspecto amenazador, ya que es un trofeo popular y adorna las paredes de muchos bares y tabernas de pescadores.

BOCA GRANDE Y GRAN APETITO

El cuerpo del lucio europeo es largo y esbelto. Si hacemos caso de las historias de pescadores, este elegante pez puede alcanzar un tamaño de hasta 1,5 m y pesar hasta 45 kg, aunque suelen ser más pequeños en las regiones más frías.

ARMADO Y MORTAL

El lucio es muy respetado por ser uno de los mejores cazadores de agua dulce; solo con echar un vistazo a este pez se aprecia que está muy bien equipado para ese papel. Al tener el cuerpo verde grisáceo se camufla de un modo excelente; este es uno de los requisitos más importantes para

Comparaciones

La naturaleza parece haber encontrado las mismas soluciones para problemas similares en todo el mundo. El lucio habita en agua dulce, mientras que la voraz barracuda vive en el mar. Sin embargo, ambas especies comparten las mismas características: un cuerpo alargado y aerodinámico y unas aletas dorsales y anales próximas a la cola que aportan velocidad y maniobrabilidad, combinadas a su vez con unos afilados dientes, inclinados hacia atrás, además de una enorme y poderosa mandíbula. Estas características identifican inmediatamente a estas especies como cazadores asesinos.

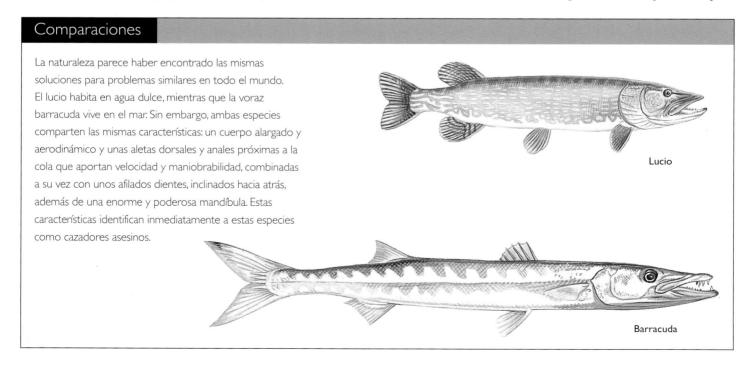

Lucio

Barracuda

un cazador. Esta coloración natural les permite permanecer quietos y sin ser vistos entre las cañas hasta que pasa por allí una presa. En tierra firme, el equilibrio y la velocidad también son atributos cruciales para cualquier aprendiz de predador. Estas mismas normas son aplicables a los peces. Las aletas estabilizan al pez, le ayudan a nadar y mantener el equilibrio, mientras que las colas dan impulso. Los lucios tienen las aletas dorsales, anales y en la cola estrechamente agrupadas, lo que les permite afinar sus movimientos. Además, la cola es larga para propulsarles hacia delante.

Cuando una presa entra en su campo de visión, el lucio usa todas estas adaptaciones para matar. Girando lentamente, el lucio embiste a una velocidad increíble utilizando las aletas y la cola con gran efectividad. Apresando a la víctima desde abajo con sus fuertes mandíbulas, las presiona sobre el cuerpo de la presa y a menudo nada con ella hasta que encuentra un lugar seguro para ajustar su agarre. El lucio siempre se traga primero la cabeza de sus víctimas, disminuyendo así la probabilidad de atragantarse. Los dientes puntiagudos e inclinados hacia atrás que se encuentran en el hueso palatino y el vómer le ayudan a guiar la comida por la garganta de un modo parecido al del diente inclinado hacia atrás de una serpiente.

EXTRAS

Una última parte del equipo de caza del lucio es un sistema de nervios sensibles llamados «línea lateral». El lucio tiene buena vista, pero el sistema de línea lateral le ayuda a dirigirse a su presa. Este sistema consiste en una serie de nervios diminutos situados bajo la piel que recorren todo el cuerpo del lucio hasta la cabeza. Cuando la presa está cerca, estos canales recogen el movimiento y lo transmiten al cerebro. Un cambio en el patrón de línea lateral indica que la presa ha cambiado de dirección. Este sistema permite al lucio cazar con efectividad incluso en las oscuras profundidades de un lago o una corriente.

Inmóvil y camuflado, este lucio grande está bien escondido entre las cañas mientras espera una presa.

Una focha, inconsciente del peligro que hay debajo, se posa sobre el agua. Es un bocado muy tentador para el lucio que está escondido.

El lucio se acerca furtivamente a su objetivo, se abalanza hacia adelante y apresa la focha con sus dientes afilados como cuchillas. El lucio arrastra a su presa en el agua para ahogarla.

La focha no tiene escapatoria, está atrapada entre los dientes inclinados hacia atrás del lucio. Cuando ya se ha ahogado, el lucio la aplasta y después se traga la cabeza.

Quebrantahuesos

Cuando un agricultor español mira hacia arriba y ve la
amenazadora silueta de un quebrantahuesos, el ave
de presa más grande de Europa, puede pensar que
está viendo a uno de los raptores gigantes de la
mitología antigua. Con una reputación tan grande
como su tamaño, resulta difícil determinar la verdad
sobre la peligrosidad de este increíble animal.

Juvenil

En común con muchas aves, el
quebrantahuesos joven tiene una
coloración diferente a la del
adulto. Antes de adquirir el
plumaje definitivo las plumas de su
cuerpo suelen ser bastante más
oscuras.

Pico

El pico del quebrantahuesos es casi tan largo como la cabeza entera: mide 8 cm desde la base a la punta. Unas plumas finas y oscuras cubren buena parte de su cuerpo.

Garras

Los quebrantahuesos tienen fama de llevarse presas vivas. Desde luego, estas garras largas y afiladas son ideales para hacer ese trabajo.

Características	ORDEN: *Falconiformes* / FAMILIA: *Accipitridae* GÉNERO Y ESPECIE: *Gypaetus barbatus*
PESO	4,5-7 kg
LONGITUD	1-1,15 m
ENVERGADURA DE LAS ALAS	2,65-2,82 cm
MADUREZ SEXUAL	A los 5 años
ÉPOCA DE CRÍA	Varía según la región; en invierno y primavera en España
NUMERO DE HUEVOS	Normalmente 1 o 2, a veces 3
PERIODO DE INCUBACIÓN	Entre 55 y 60 días
PERIODO COMO POLLUELO	Entre 100 y 110 días
INTERVALO ENTRE NACIMIENTOS	1 año
DIETA	Caza mamíferos pequeños y pájaros; carroña
ESPERANZA DE VIDA	Desconocida

Hábitats del quebrantahuesos

El quebrantahuesos se encuentra principalmente en las zonas montañosas de la Europa continental, especialmente en España, aunque existen subespecies extendidas más lejos, como en África o Asia.

UN CASO DE IDENTIDAD ERRÓNEA

Con el cuello largo y sin plumas, la cara demacrada y carnosa y una postura agazapada, el buitre es tal vez el ave menos atractiva. Si se observa al quebrantahuesos, el contraste es sorprendente. De un 1 m de longitud aproximadamente, el quebrantahuesos es enorme e impresionante. Con una cabeza noble cubierta de plumas blancas, el costado leonado y el porte de un águila, esta elegante ave de presa es tan asombrosa como atractiva. La sorpresa es que el quebrantahuesos pertenece a la misma familia que el feo buitre africano, tal y como indica su nombre alternativo, buitre barbado.

Al igual que sus parientes, el quebrantahuesos es un ave carroñera, vive de restos de animales muertos y desperdicios. Sin embargo, durante siglos ha tenido fama de capturar presas vivas, que al parecer mata dejándolas caer desde cierta altura: de hecho, se cree que el dramaturgo griego Esquilo (525-456 a.C.) murió cuando un quebrantahuesos dejó caer ¡una tortuga sobre su cabeza! Incluso se ha sugerido que precipita a los animales por los acantilados para causarles la muerte. Esta es una de las razones que dan los pastores de ovejas para disparar a esta espectacular ave, creen que supone un peligro para sus rebaños.

Sin duda el quebrantahuesos está bien equipado para dar cuenta de una presa viva, pero lo cierto es que hay pocas evidencias que demuestren o refuten estas historias.

LAS HERMANAS FEAS

Los buitres están concebidos para alimentarse de carroña exclusivamente. Por tanto, cuando un buitre echa a volar lo hace para buscar cadáveres más que para intentar cazar. Como consecuencia de ello ha desarrollado unas alas extraordinariamente anchas y largas que ahorran energía y le permiten planear sobre grandes extensiones buscando animales muertos o agonizantes. La mayoría de las aves utilizan las plumas de la cola a modo de timón de avión para girar, pero como no es necesario que los buitres sean

Comparaciones

Aunque no es muy probable que se confundan el uno con el otro, el buitre egipcio tiene una reputación parecida a la del quebrantahuesos. A pesar de que ambos se alimentan fundamentalmente de carroña, se cree que el buitre egipcio ¡lanza comestibles desde lo alto para alimentarse de su contenido!

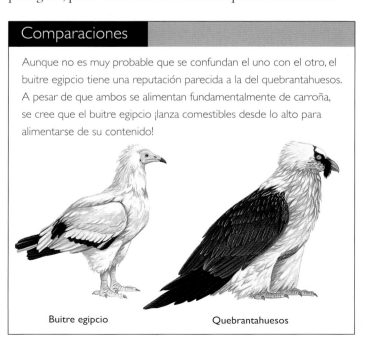

Buitre egipcio   Quebrantahuesos

especialmente rápidos o ágiles en el aire, suelen tener las colas mucho más cortas. Estas adaptaciones hacen que la mayoría de los buitres parezcan desgarbados tanto en el aire como en el suelo.

Por suerte, al buitre no le preocupan las apariencias. Su característica más importante es la capacidad para desgarrar carne de forma rápida y fácil, y digerirla sin problemas. Los buitres tienen garras afiladas, pico fuerte y un enorme buche que sobresale en el cuello. Es una parte del esófago (el conducto que une la boca con el estómago) en forma de bolsa donde se digiere la comida parcialmente antes de ser tragada. Los jugos gástricos de un buitre tienen la fuerza suficiente para descomponer huesos, por tanto poca comida se desperdicia. El cuello del buitre es muy largo, lo que le permite meter la cabeza entera dentro del cuerpo de un animal muerto. Como las plumas de la cabeza apelmazadas por la sangre dificultarían el vuelo, este eficiente pájaro también ha prescindido de ellas.

¿PARECIDO FAMILIAR?

Los quebrantahuesos comparten algunas características con los buitres, como el largo pico en forma de gancho y las garras afiladas (aunque son comunes en todas las aves de presa). Sin embargo, ellos son unos aeronautas hábiles al disponer de una cola larga en forma de cuña que les permite planear con elegancia y también girar con facilidad. Tampoco tienen el buche del buitre; en su lugar dejan caer los huesos desde lo alto y a continuación utilizan la lengua para extraer la médula.

Se estima que existen cientos de especies de aves de presa, incluyendo a las pertenecientes a la familia *Accipitridae*. Este gran grupo comprende a algunos de los grandes aviadores y cazadores del mundo de las aves, como milanos, halcones y águilas, a los cuales se parece el quebrantahuesos. En realidad, cuando se observan los hábitos y características de los buitres, da la impresión de que el quebrantahuesos es su pariente sofisticado.

El quebrantahuesos localiza un animal muerto que ha sido abandonado por otros carroñeros porque solo quedan la piel y los huesos.

Atrapando uno de los huesos con las garras, el quebrantahuesos echa a volar en busca de un lugar apropiado desde el que dejarlo caer y romperlo.

El ave asciende a una altura de 70 m antes de dejarse caer ligeramente para aumentar el impulso y lanzar el hueso sobre el suelo rocoso.

Después de recoger y dejar caer el hueso varias veces más, por fin se astilla sobre las rocas y el quebrantahuesos puede acceder a la sabrosa médula que encuentra en su interior.

Rata negra

Originaria de Asia, la rata negra ha recorrido todo el mundo llevando la muerte y la enfermedad a su paso. Aunque estos mamíferos pequeños y ágiles parecen inofensivos, son anfitriones de enfermedades mortales, entre ellas la peste bubónica, el tifus y la rabia. Aunque de un modo indirecto, esto les convierte en uno de los mayores asesinos que existen en el mundo.

Características	ORDEN: *Rodentiaa* / FAMILIA: *Muridae* GÉNERO Y ESPECIE: *Rattus rattus*
PESO	140-200 g
LONGITUD	
CABEZA Y CUERPO	Hasta 23 cm
COLA	Hasta 25 cm
MADUREZ SEXUAL	A los 3-5 meses
ÉPOCA DE APAREAMIENTO	Todo el año, pero más en primavera y en otoño en regiones templadas
PERIODO DE GESTACIÓN	21 días
NÚMERO DE CRÍAS	De 5 a 10
INTERVALO ENTRE NACIMIENTOS	Hasta 12 camadas al año
DIETA	Casi de todo, aunque prefieren frutos y cereales
ESPERANZA DE VIDA	Hasta 4 años

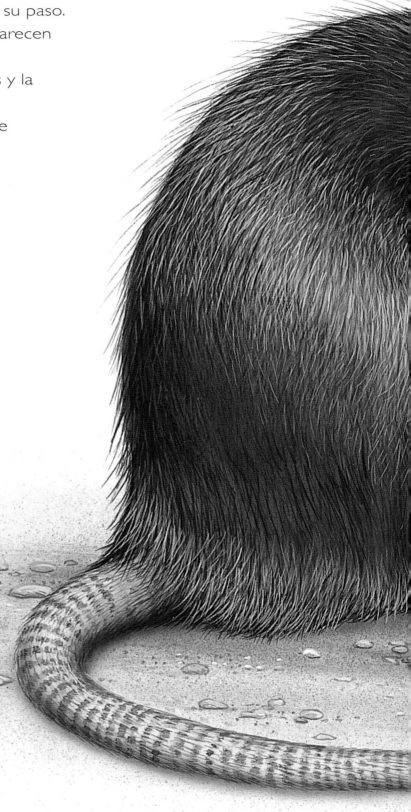

Hocico y bigotes

Con un increíble sentido del olfato y unos bigotes sensibles al tacto, la rata negra no tiene problemas a la hora de encontrar fuentes de alimentos en la oscuridad.

Dientes

Los incisivos largos de las ratas no dejan de crecer; por tanto, tienen que roer objetos continuamente para mantenerlos en un tamaño manejable.

Hábitats de la rata negra

Las ratas son supervivientes en la naturaleza. Presentes en todo el mundo, estos pequeños omnívoros son una de las especies más adaptables del mundo.

LA PESTE NEGRA

Las ratas negras son portadoras de muchas enfermedades mortales, entre ellas la peste bubónica. Esta virulenta infección se transmite a los humanos por las pulgas que viven en las ratas portadoras. Si una pulga que ha mordido a una rata enferma después muerde a un humano, la enfermedad entra en el flujo sanguíneo y causa escalofríos y fiebre. A medida que avanza la enfermedad, las glándulas que tenemos debajo de las axilas, cuello e ingle se hinchan formando bubas que pueden llegar a convertirse en heridas abiertas. Además la hemorragia interna causa unas manchas

negras en la piel, de ahí que a la enfermedad se la denominara «muerte negra». Hoy en día la peste bubónica se puede curar con antibióticos, pero si no se trata causa la muerte en un 50 o 90% de los casos en un plazo de una semana.

Los resultados de una epidemia de peste pueden ser devastadores. En uno de los episodios registrados más antiguos mató a 5.000 personas en un día en la antigua Roma. Durante el siglo XIV la peste negra mató a una cuarta parte de la población de Europa. Como comentó un testigo de la época, la medicina no podía hacer nada: «... nadie sabía qué hacer... Cuando entraba en una casa... no quedaba nadie... hasta los animales morían».

De vuelta al territorio inglés, tres siglos después, se sumaron otros 150.000 al número de víctimas. En el siglo XIX, regresó a Asia, donde mató a otros 10 millones de personas. Hoy en día hay todavía 3.000 casos al año por lo menos (todos causados por la humilde rata negra).

ARRIBA, ARRIBA

La rata negra, o *Rattus rattus* para darle su nombre científico, es en la actualidad uno de los mamíferos más raros en el Reino Unido, pero todavía prospera en otras partes de Europa. Llamada algunas veces «rata de tejado», la rata negra suele anidar en lugares altos. En su entorno natural, en la India, habitan en los árboles, pero desde que llegaron a Europa se han acomodado mejor en el entorno formado por el ser humano. Aunque la rata común se mete en las alcantarillas, su pariente negra forma su hogar entre las vigas de los tejados. En contacto con el mundo humano, la rata

Las ratas negras esperan hasta que cae la noche para entrar en el almacén de grano a comer.

La rata abre uno de los sacos de grano empleando sus dientes largos y afilados y deja que el grano caiga al suelo.

Comparaciones

Las ratas negras pueden ser de muchos tonos, desde marrón oscuro a negro azabache. La rata marrón noruega también tiene tonos más oscuros. Por tanto, el mejor modo de distinguir una rata negra de una en la que predomine el marrón es que la negra suele ser más pequeña. También parece más «aseada», tiene el pelaje mucho más liso y brillante y la cola es más larga y recortada.

Rata negra

Rata común

negra presenta un constante peligro. Les gusta mucho el sabor de los cereales y con frecuencia dañan y destruyen cosechas y almacenes de alimentación. En las casas muerden cables eléctricos y dejan heces que pueden tocar después niños o animales. Aunque el mordisco de una rata puede causar fiebre o incluso la rabia, debería recordarse que no es un monstruo malicioso: solo un huésped no deseado y bastante peligroso.

¿TODAS SON MALAS?

A pesar de todos los problemas que ocasiona la rata negra, hay muchas razones por las que admirar a este pequeño mamífero. En estado salvaje son cazadoras astutas y ágiles y pueden trabajar en grupo para apoderarse de una presa tan grande como un pollo. Corren a gran velocidad y son trepadoras expertas; utilizan sus colas bastas y rizadas para ayudar a mantenerse en equilibrio. En la ciudad son muy espabiladas y siempre están dispuestas a aprovechar cualquier oportunidad, especialmente si es comestible. Como su pariente más pequeño, el ratón, las ratas negras se han convertido en las más modernas trituradoras de basuras en todo el mundo. Comen casi de todo, desde plásticos de embalar hasta sobras de comida rápida. La hembra también es una madre dedicada. Pare de tres a seis veces al año y tiene hasta diez crías cada vez; pasa la mayor parte de su vida cuidando y criando a sus crías. La rata solo tarda unos meses en madurar sexualmente; por tanto, en el mismo año una súper madre podrían tener hasta 1.000 descendientes; sin duda no se trata de un rasgo que le haga ser querida por la población humana.

Pendiente constantemente de cualquier peligro que pueda surgir, la rata sujeta el grano entre sus patas delanteras.

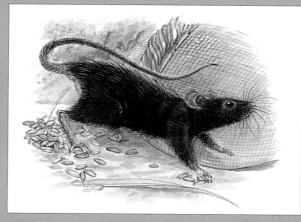

Una vez se ha saciado, la rata dispersa el grano antes de marcarlo como propio con su orina.

Tejón

La versión europea del tejón rayado es una sorprendente adición a la lista de los llamados animales peligrosos. Sin embargo, solo hay que echar un vistazo a sus dientes caninos, sus fuertes patas delanteras y sus garras afiladas como cuchillas para saber todo lo necesario sobre estos carnívoros de aspecto sorprendente.

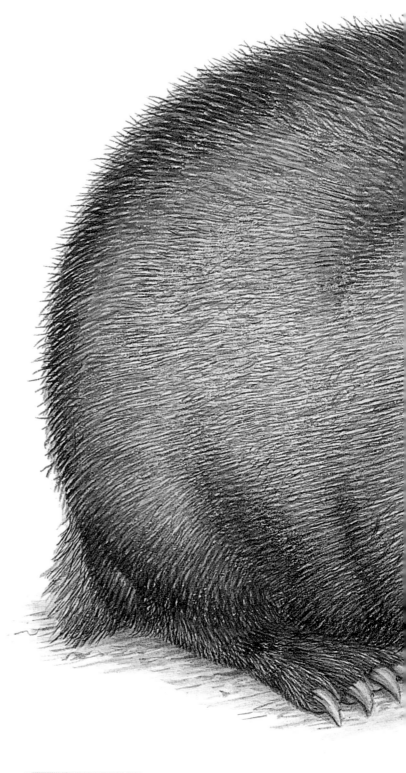

Características	ORDEN: *Carnivora* / FAMILIA: *Mustelidae* GÉNERO Y ESPECIE: *Meles meles*	
Peso	10-16 kg	
Longitud		
Cabeza y cuerpo	56-90 cm	
Cola	12-20 cm	
Madurez sexual	Al cabo de 1 año	
Época de apareamiento	Todo el año	
Periodo de gestación	Entre 6 y 8 semanas, sin incluir la implantación retardada variable	
Número de crías	De 2 a 6, pero normalmente 3 o 4	
Intervalo entre nacimientos	1 año	
Dieta	Lombrices, pequeños mamíferos, plantas, cereales y raíces	
Esperanza de vida	7-10 años	

Mamas

Para alimentar a sus crías, la hembra del tejón está provista de dos pares de mamas, que son los órganos que producen la leche.

Mandíbulas
Los tejones tienen unas mandíbulas fuertes,
con músculos resistentes y dientes afilados de
raíces muy profundas.

Garras
Las garras de las patas delanteras
del tejón miden el doble que las
de las patas traseras. Las utiliza
para defenderse y también para
excavar.

Hábitats del tejón

Se pueden encontrar tejones en todo el mundo. Desde el diminuto hurón de Borneo al tejón americano de patas cortas, estos hermosos animales han sufrido mucho a manos de los humanos, pero ahora están protegidos en muchas partes de Europa.

DE RAYAS Y APESTOSO

Los tejones tienen una constitución baja y robusta. Aunque parecen osos pequeños en realidad son miembros de la familia *Mustelidae,* que incluye los armiños y las comadrejas. Todos los miembros de esta familia expiden un fuerte olor a almizcle. Lo emplean como una forma de comunicación: para enviar mensajes sobre amenazas potenciales, marcar su territorio o atraer a posibles parejas. La potencia de estos olores varía, pero no sorprende saber por qué el apestoso tejón se ha ganado su fama.

Los tejones euroasiáticos son los más grandes de la especie y pueden pesar hasta 20 kg, aunque la media se halla entre los 9 y 11 kg. La mayoría de la gente está más familiarizada con la coloración de los tejones. Los europeos tienen un dibujo blanco y negro distintivo que destaca en la cara, lo que da la impresión de que es rayado. El color del pelaje es canoso (grisáceo) por lo general. Los pelos son largos y ásperos y se han utilizado durante siglos para hacer brochas de afeitar. Este rasgo parece ser una característica exclusivamente europea; los tejones americanos son de un color marrón mucho más pálido, con pocas rayas claras, apenas visibles, en la cara, mientras que los hurones apenas tienen rayas.

COMODIDAD BAJO TIERRA

Los tejones viven en zonas boscosas. Son nocturnos y pasan muchas horas del día bajo tierra, en una madriguera llamada tejonera. De vez en cuando se les puede ver durante el día, algunas veces descansando en nidos al aire libre. Las patas delanteras del tejón están muy desarrolladas y terminan en unas garras largas y afiladas. Esto les convierte en excelentes cavadores. Las tejoneras de los tejones euroasiáticos pueden ser construcciones muy elaboradas que se han utilizado y «mejorado» durante generaciones. Estas «suites» subterráneas pueden tener hasta 20 entradas independientes, con cámaras forradas de paja para dormir o cuidar de las crías, todas unidas por metros de pasillos serpenteantes. Los tejones son unos inquilinos meticulosos y no permiten tener basura dentro de la

Comparaciones

Los miembros de la familia *Mustelidae,* que incluye comadrejas, nutrias, mofetas y glotones, suelen abundar en todas las zonas templadas del mundo (áreas con clima suave). Los tejones euroasiáticos viven en gran parte de Europa y Asia Central. El tejón americano está igual de extendido y se puede encontrar en Canadá, América del Norte y Central y el sur de México. Además de poseer una extensa distribución, el tejón americano comparte otras muchas características de los *Mustelidae.* Son predadores veloces y activos, con cuerpo esbelto, patas cortas y cabeza pequeña.

Tejón americano

Tejón euroasiático

tejonera, con lo cual construyen zonas de retretes independientes en la superficie del suelo.

Donde abunda la comida, los tejones son animales sociables que viven en grupos llamados clanes compuestos por hasta 12 miembros. Estos grupos están encabezados por un macho dominante y una hembra. En zonas menos prósperas, los machos son solitarios y luchan con ferocidad para echar a otros machos de su territorio.

LLENO DE SORPRESAS

La comida preferida de un tejón euroasiático es la lombriz, que constituye el 60% de su dieta. También añaden con regularidad a su menú semillas, nueces, bayas y miel. Sin embargo, el que a los tejones les gusten los invertebrados no quiere decir que carezcan de habilidad para cazar. Son predadores fuertes y suelen matar animales pequeños, como conejos, ranas o pájaros que anidan en el suelo. Se ha sabido que el tejón mielero ataca a antílopes jóvenes. Pero al parecer los tejones prefieren la vida fácil. Se les suele encontrar con frecuencia en los alrededores de viviendas humanas, donde rebuscar les puede proporcionar una comida gratis. Con un sentido del olfato bien desarrollado, la carroña es una de sus comidas favoritas. De hecho los tejones de Asia han desenterrado ¡cadáveres humanos de sus tumbas para comérselos! Por suerte, suelen evitar a los humanos vivos, aunque en el Reino Unido, en 2003, un tejón solitario atacó e hirió gravemente a cinco personas antes de que lo atraparan. Esta historia es una buena demostración de lo peligrosos que pueden llegar a ser los tejones, un hecho que nuestros antepasados sabían muy bien. En la Edad Media la lucha de tejones era un deporte popular en Europa, aunque excepcionalmente cruel. Se sacaba a los tejones de sus tejoneras y se les obligaba a luchar con perros. Para «equilibrar» las cosas, rompían las mandíbulas y las garras a los tejones, que aún así solían herir de gravedad al perro.

El tejón refresca con frecuencia su lecho de hierba sacándola al exterior de la tejonera.

Con precisión y cuidado, el tejón extiende el lecho para airearlo y secarlo.

Una vez se ha convencido de que el lecho está seco, recoge la hierba sujetándola debajo de la barbilla y, poco a poco, la vuelve a meter en el interior.

El tejón se tumba a dormir tranquilamente sobre el lecho fresco una vez que ha terminado de introducir la hierba seca en la tejonera.

Tigre siberiano

Con su pelaje característico, extraordinaria fuerza
y ágil elegancia, el tigre siberiano es un ejemplo
espectacular de adaptación natural. Este
hermoso animal fue creado para matar.
Por desgracia, a pesar de ser el felino
más grande del mundo, el tigre
siberiano es hoy una especie
amenazada más que peligrosa.

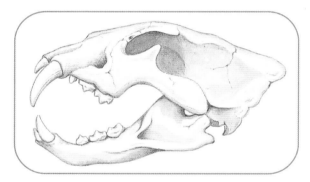

Cráneo y dientes
Un cráneo muy grande ancla las fuertes mandíbulas del tigre
siberiano. Los largos dientes caninos se utilizan para clavarse
en la carne y desgarrarla desde el hueso.

Pies
Al igual que otros
felinos, el tigre siberiano
posee unas almohadillas
suaves y aterciopeladas
en las plantas de cada
zarpa. Le permiten
moverse sigilosamente y
son útiles cuando caza.

Lengua

Cubierta de cientos de diminutas espinas, la lengua del tigre es una buena herramienta para quitar la carne del hueso.

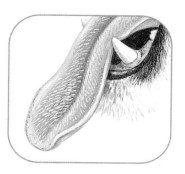

Características	ORDEN: *Carnivora* / FAMILIA: *Felidae* GÉNERO Y ESPECIE: *Panthera tigris altaica*	
PESO	Macho: 180-300 kg; hembra: 100-165 kg	
LONGITUD		
CABEZA Y CUERPO	1,6-2,8 m	
COLA	60-95 cm	
ALTURA DESDE LOS HOMBROS	1-1,1 m	
MADUREZ SEXUAL	El macho, a los 4 o 5 años; la hembra, a los 3 o 4 años	
ÉPOCA DE APAREAMIENTO	Invierno y principio de primavera	
PERIODO DE GESTACIÓN	Entre 104 y 106 días	
NÚMERO DE CRÍAS	De 1 a 6, normalmente 2 o 3	
INTERVALO ENTRE NACIMIENTOS	Entre 2 y 2,5 años	
DIETA	Cerdos, ciervos, osos, aves pequeñas y peces	
ESPERANZA DE VIDA	15 años en estado salvaje; hasta 26 en cautividad	

Comparaciones

Con dos tercios del tamaño medio de un tigre siberiano, da la impresión de que el puma es el «pariente pobre» de la familia de los felinos. Aunque es pequeño en comparación, este atractivo animal comparte gran parte de la habilidad y agilidad natural de su pariente.

Es capaz de saltar 4,5 m desde una posición estática y 13,7 m cuando está corriendo. Y como ha demostrado en varias ocasiones, el puma tiene además la fuerza suficiente para derribar a un caballo adulto.

Puma

Tigre siberiano

Se piensa que todas las subespecies de tigre del mundo proceden del tigre siberiano. Este se extendió por Europa y Asia durante la Edad de Hielo, estableciéndose rápidamente como felino superior en varios entornos. Hoy en día las cinco subespecies de tigre que quedan (de Bengala, indochino, siberiano, de China meridional y de Sumatra) están casi extinguidas. De hecho, es posible que solo haya unos 200 tigres siberianos en estado salvaje.

VIVIR... PERO DEL MODO MÁS DURO

Cuando pensamos en tigres, pensamos generalmente en el tigre de Bengala indio. Este animal parece haberse amoldado tan bien a vivir en los bosques asiáticos y las zonas pantanosas que es difícil darse cuenta de cómo es capaz de vivir un predador tan grande y fuerte en las yermas inmensidades cubiertas de nieve de Siberia. Sin

Hábitats del tigre siberiano

El hábitat habitual del tigre siberiano se localiza en el sudeste de Rusia, exactamente en la frontera entre Rusia y China, en la región del río Amur.

embargo, si observamos la conducta de los tigres de Bengala, podemos ver que son oportunistas por naturaleza. Prefieren las presas grandes, pero cazarán cualquier cosa que se ponga en su camino. Es una conducta práctica, ya que siempre puede escasear la comida; los tigres siberianos muestran la misma flexibilidad ante la comida. Son poderosos predadores, pero es tan probable que cace una liebre del ártico como un alce.

Siberia ocupa una enorme extensión geográfica, aproximadamente tres cuartas partes de Rusia. La mayor parte está cubierta de hielo. La nieve cubre el suelo durante seis meses al año y en el extremo norte las temperaturas descienden hasta –60°C. Los tigres siberianos prefieren las regiones más cálidas y arboladas del sur, pero incluso ahí necesitan 9 kg de carne al día para proporcionar a su cuerpo la energía suficiente para mantenerse calientes. El tigre siberiano soluciona este problema cubriendo extensos territorios. Aún así, la vida en el norte es muy dura, ya que solo una salida de caza de cada diez suele tener éxito.

FRÍO PARA LOS FELINOS

Los tigres iniciaron su épica emigración por el continente desde Siberia. Mientras se trasladaban de los yermos helados a las regiones nuevas, el tigre siberiano «original» tuvo que adaptarse a los nuevos entornos y climas más cálidos. El tigre de Bengala, por ejemplo, tiene el pelo corto y unas rayas naranjas y negras que destacan en su pelaje. El siberiano es más pálido, con menos rayas visibles, lo que le permite confundirse con más facilidad en la nieve. Es el pelaje espeso y lanudo del tigre siberiano el que indica que se trata de un habitante de clima frío.

Como todos los animales que viven en la tundra, mantener el calor es un asunto de primera necesidad y un pelaje largo ofrece al tigre cierta protección contra los elementos.

Sorprendentemente, incluso después de millones de años los tigres que formaron su hogar en los trópicos no son capaces de tolerar el calor extremo. A menudo se les puede ver dormitando a la sombra o dándose un chapuzón refrescante en un lago próximo. Es posible que los tigres se hayan adaptado bien a su nuevo hogar pero, al parecer, en el fondo de su corazón son fieles al frío.

COMPRAR Y DECIR ADIÓS

Algunas culturas antiguas consideraban al tigre un demonio. Creían que podían mantenerlo alejado de sus pueblos ofreciéndole sacrificios. Otros lo consideraban el «abuelo» del bosque, a quien había que tratar con respeto para asegurar su favor. Lo trágico de hoy en día es que para algunas personas el tigre salvaje no significa más que dinero fácil, ya que sus huesos y su piel son bienes valiosos en el mercado negro.

En Rusia el tigre siberiano recibe protección legal desde 1992 y existen programas activos para eliminar el comercio ilegal. Se han establecido también tres zonas protegidas para ofrecer a los tigres un lugar donde estar a salvo de los cazadores furtivos y la presencia humana. Unos 500 tigres siberianos viven ahora en zoos de todo el mundo, una población que permanece estable y segura. Solo el tiempo dirá si este felino salvaje siberiano no se unirá a los ya extinguidos de Bali, persa y javanés.

La hembra encuentra un lugar seguro y bastante tranquilo antes de parir. Lo habitual es que tenga dos o tres cachorros en cada camada.

Agarrándolos por el cogote, la madre tiene que transportar a sus cachorros de un lugar de descanso a otro ya que están indefensos cuando nacen.

Los cachorros pueden comer carne a los dos meses y se destetan a los seis, aunque pueden morir de hambre si escasea la comida.

La madre enseña a los cachorros a cazar hasta que tienen dos años; a partir de ese momento empiezan a hacerlo por sí mismos.

FILIPINAS

INDONESIA

PAPÚA NUEVA
GUINEA

AUSTRALIA

Desierto
de Tanami

Gran
Desierto
de Arena

Gran Desierto
Victoria

Desierto de
Simpson

Cordillera Darling

Gran Cordillera Divisoria

OCÉANO
PACÍFICO
SUR

OCÉANO
ANTÁRTICO

Tasmania

NUEVA
ZELANDA

Oceanía

Australia es una de las auténticas maravillas naturales del mundo y es el único país que, a la vez, es una plataforma continental. Junto a Nueva Zelanda y sus islas vecinas, la vasta masa de tierra que forma Oceanía es famosa por su escenario salvaje y espectacular, además de su fauna y flora únicas.

Los científicos creen que los continentes formaban en la antigüedad una única y enorme masa de tierra a la que se ha llamado Pangea. Este «supercontinente» empezó a separarse hace unos 200 millones de años. Una de las dos mitades formó Laurasia que, finalmente, se dividió de nuevo y dio origen a Europa, América del Norte y Asia. La otra mitad, Gondwana, se convirtió en África, Antártida, Australia y América del Sur. Fue durante esta gran escisión cuando Australia y sus islas vecinas se aislaron del resto del mundo, conservando su flora y fauna únicas hasta la llegada de los primeros colonos europeos en 1788. A pesar de la erradicación de muchas especies autóctonas cuando los granjeros y colonos despejaron la tierra, la zona todavía presume de tener animales que no se pueden encontrar en ningún otro lugar.

Durante mucho tiempo Oceanía ha tenido fama de albergar animales venenosos y peligrosos: de las 140 especies de serpientes de Australia, por ejemplo, la taipán y la serpiente tigre son las más mortales del mundo. No obstante, si nos detuviéramos un momento y penetráramos en sus bosques tropicales florecientes o cruzáramos sus desiertos quemados por el Sol, descubriríamos una Oceanía mucho más dinámica y compleja, donde el peligro ¡no siempre tiene dientes de serpiente!

Araña lobo

Si tenemos en cuenta las arañas grandes y venenosas que habitan en Oceanía, parece extraño considerar «peligrosa» a la araña lobo. No obstante, estos grandes arácnidos reciben su nombre por la similitud que existe entre sus proezas en la caza y las del lobo. Son consumados predadores y pueden seguir el rastro y matar a sus víctimas sin ayuda de sus telas de araña.

Características

ORDEN: *Araneae* / FAMILIA: *Lycosidae* / GÉNERO Y ESPECIE: *Varias*

LONGITUD	4-35 mm
ENVERGADURA DE LA PATA	15-100 mm
MADUREZ SEXUAL	Entre los 9 y 15 meses
ÉPOCA DE CRÍA	Verano en climas templados; todo el año en regiones tropicales
NÚMERO DE HUEVOS	De 50 a 200
PERIODO DE INCUBACIÓN	1-2 semanas
INTERVALO ENTRE NACIMIENTOS	Cada hembra suele criar entre 2 y 4 sacos de huevos durante su vida
DIETA	Pequeños insectos y arañas
ESPERANZA DE VIDA	Hasta 2 años

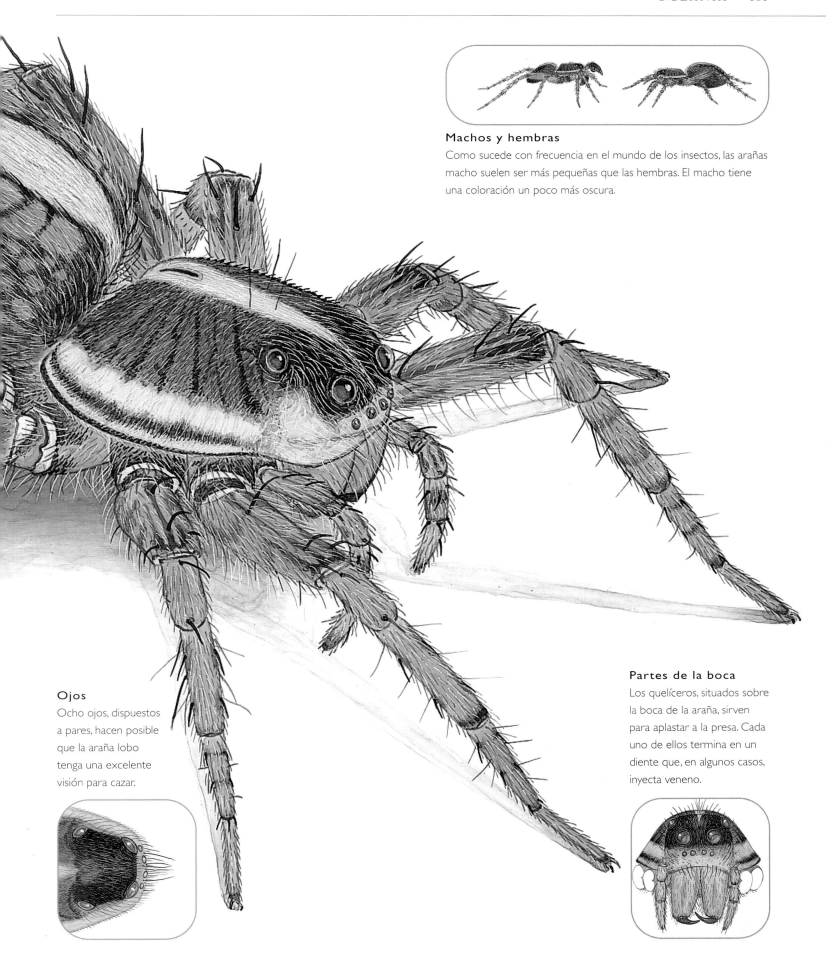

Machos y hembras

Como sucede con frecuencia en el mundo de los insectos, las arañas macho suelen ser más pequeñas que las hembras. El macho tiene una coloración un poco más oscura.

Partes de la boca

Los quelíceros, situados sobre la boca de la araña, sirven para aplastar a la presa. Cada uno de ellos termina en un diente que, en algunos casos, inyecta veneno.

Ojos

Ocho ojos, dispuestos a pares, hacen posible que la araña lobo tenga una excelente visión para cazar.

Existen más de 30.000 variedades de arañas conocidas en el mundo. Estas especies se pueden encontrar en casi todas partes, incluso debajo del agua y sobre el pico siempre nevado del monte Everest. Las arañas pertenecen a un grupo llamado arácnidos. A diferencia de los insectos, que tienen seis patas (tres pares de dos), los arácnidos tienen ocho (cuatro pares de dos) y no tienen alas.

AUTÉNTICOS CAZADORES

Todas las arañas poseen la habilidad de tejer seda. Usando los hiladores del abdomen, muchas especies de arácnidos emplean esta seda para tejer telarañas en las cuales queden atrapadas sus presas. Algunas, como la araña de bolas, emplean una estrategia distinta. Tejen una línea de seda y la anudan en el extremo, luego se balancean sobre la presa y la enredan con ella, como la araña de bolas sudamericana. Las cazadoras, como la araña lobo, también producen seda, pero en general no la utilizan para hacer telas de araña o atrapar a sus presas. En lugar de eso acechan a sus presas y, cuando están a su alcance, se abalanzan sobre ellas. Utilizan la seda para otras actividades no letales, como forrar nidos. La hembra de araña lobo teje sacos para proteger a sus huevos, los cuales transporta al lado de los hiladores.

La razón por la que las arañas cazadoras no necesitan tejer telas de araña es que poseen una excelente visión. Las arañas lobo son diurnas: tienen su mayor actividad durante el día, por lo que una vista bien desarrollada es crucial para cazar. También suelen ser de mayor tamaño que otras arañas y

poseen un fuerte par de quelíceros. Localizados justo encima de la abertura de la boca, se utilizan para aplastar a la presa. Cada quelícero termina en un diente hueco que, en algunos casos, se emplea para inyectar veneno en el cuerpo de la víctima.

ASOMBROSA VARIEDAD

Hay muchos tipos de arañas lobo. Las que nos resultan más familiares, ya que de vez en cuando visitan nuestras casas y jardines, tienen probablemente el cuerpo grande y peludo, pero muchas se han adaptado a vivir en entornos muy específicos. Algunas, por ejemplo, crean sus hogares cerca del agua. Estas se parecen y se comportan de un modo muy parecido a las arañas pescadoras, que tienen un peso más ligero y son capaces de andar sobre el agua y sumergirse durante breves periodos de tiempo. Una característica común a todas las variedades de araña lobo es su sigilo y velocidad. Dependiendo de su hábitat, la araña lobo puede ser gris, marrón o negra. Este camuflaje natural les ayuda a acechar a su presa, a la que derribarán después a una velocidad impresionante. Lo más insólito de esta demostración atlética es que las arañas no tienen musculatura para estirar las patas. ¡Solo pueden moverlas si la presión sanguínea es lo suficientemente elevada!

CORTEJO Y PATERNIDAD

Las arañas lobo grandes pueden vivir varios años. Durante ese tiempo pueden tener miles de crías. Tan pronto como madura,

Comparaciones

Inicialmente el nombre de tarántula se correspondía con un tipo de araña lobo. Hoy en día este nombre se utiliza para referirse a las grandes arañas peludas del tipo que se encuentra en México y Sudamérica. La tarántula de patas rojas pertenece al mismo orden que la araña lobo. Ambas son arañas cazadoras que acechan y persiguen a la presa en vez de construir telas de araña. Las dos son predadoras veloces y agresivas. Las diferencias principales son su tamaño y sus técnicas de caza. La tarántula de patas rojas es cinco veces más grande que la araña lobo. Las tarántulas de patas rojas también suelen cazar empleando la sensibilidad de los pelos de las patas para detectar movimientos, mientras que las arañas lobo emplean su excelente vista.

Araña lobo

Tarántula de patas rojas

el macho busca una pareja. Como las arañas lobo poseen una vista tan excelente, emplean una danza de cortejo especialmente compleja para atraer a su pareja. Durante la danza, el macho levanta las patas delanteras y agita sus pedipalpos. Estos apéndices parecen antenas, pero en realidad están colocados al lado de la boca. Un pedipalpo está dividido en seis secciones. La sección más próxima a la boca se utiliza para cortar y aplastar comida, pero la última sección contiene los órganos reproductores de la araña. ¡Por tanto, le está dando a la araña hembra un claro mensaje sobre sus intenciones!

Antes de aparearse, el macho teje una telaraña y deposita en ella el esperma. A continuación utiliza los pedipalpos para transferir el esperma a la hembra, que ella emplea para fertilizar sus huevos (entre 100 y 200 cada vez, dependiendo del tamaño de ella). Cuando eclosionan, las arañas lobo llevan a sus crías sobre el lomo hasta que están preparadas para establecerse por su cuenta.

Hábitats de la araña lobo

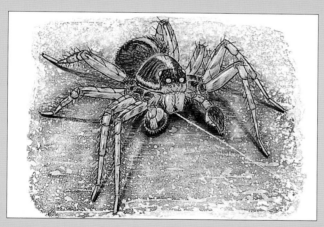

Siguiendo el hilo de seda que siempre arrastra la hembra, la araña lobo macho sale a buscarla para mantener un encuentro sexual.

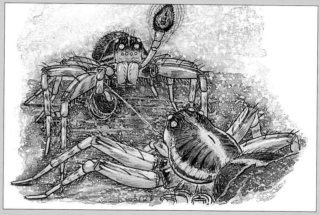

En un intento por llamar su atención, el macho «baila» vibrando las patas y el abdomen antes de agitar los palpos, sus órganos sexuales, delante de ella.

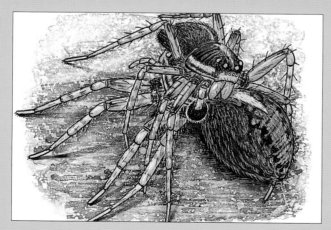

Para comprobar el entusiasmo de la araña macho, la hembra puede hacer algunos ataques falsos. Sin embargo, el macho está decidido y la acaricia con sus palpos.

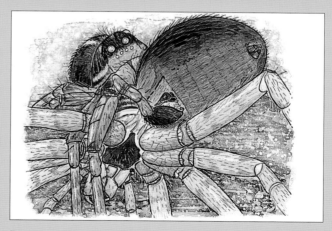

Finalmente la hembra deja que el macho la monte. Esto le permite a él tener acceso a la parte inferior de la hembra, donde se encuentra situada su abertura genital.

Cocodrilo marino

El cocodrilo marino es el reptil vivo más grande del mundo. Agresivo y muy territorial, esta mole de dientes en forma de sierra tiene tan mala fama que genera miedo allá donde crea su hogar.

Válvula palatal

Incluso cuando tiene la boca cerrada, el agua puede filtrarse por las mandíbulas del cocodrilo. Para evitar morir ahogado, una válvula especial en la garganta sella su boca debajo del agua.

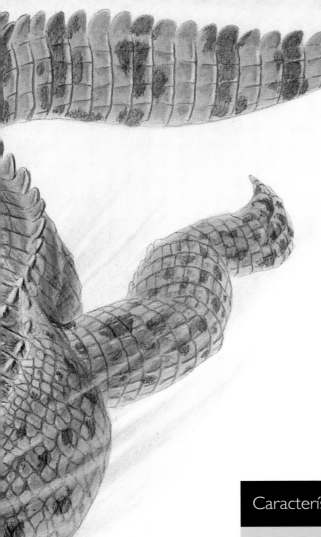

Cráneo

Ojos y fosas nasales, en la parte superior del cráneo, permiten a los cocodrilos permanecer prácticamente sumergidos en el agua hasta que se acerca su presa. Cuando hay comida a la vista, las poderosas mandíbulas se cierran con una fuerza tremenda, haciendo difícil que las víctimas escapen a su alcance.

Características	ORDEN: *Crocodylia* / FAMILIA: *Crocodylidae* / GÉNERO Y ESPECIE: *Crocodylus porosus*
PESO	El macho, una media de 500 kg; la hembra es más pequeña
LONGITUD	El macho, una media de 4,5 m, máximo 7 m; la hembra, un tercio más pequeña
MADUREZ SEXUAL	El macho, a los 3,2 m o los 14-16 años; la hembra, a los 2,3 m o los 10-12 años
ÉPOCA DE CRÍA	Normalmente al principio de la estación lluviosa
NÚMERO DE HUEVOS	25 a 90, normalmente de 40 a 60
PERIODO DE INCUBACIÓN	90 días
INTERVALO ENTRE NACIMIENTOS	1 año
DIETA	Mamíferos, aves, peces, reptiles, anfibios y crustáceos
ESPERANZA DE VIDA	Una media de 40 a 50 años, pero puede llegar hasta 100 años o más

Pies traseros

Los cocodrilos utilizan sus pies palmeados, junto a una cola musculosa, para propulsarse en el agua.

Hábitats del cocodrilo marino

Si fuéramos capaces de viajar en el tiempo y retroceder 200 millones de años, ¿qué veríamos? De todas las criaturas extrañas y maravillosas que vagaran por la Tierra, la más familiar sería el cocodrilo. Este antiguo y extendido grupo de reptiles ha tenido tanto éxito como especie que ha evolucionado muy poco desde la era del Mesozoico.

ESPECIE CARACTERÍSTICA

Hay tres familias diferentes de cocodrilos: los aligátores y caimanes, los gaviales y los cocodrilos propiamente dichos, de los cuales el cocodrilo marino es el más grande. Aunque en apariencia se asemejan a lagartos grandes, los cocodrilos tienen muchas características poco frecuentes. En común con los anfibios, por ejemplo, tienen pies palmeados. También tienen algunos atributos característicos de los mamíferos; entre ellos, cabe citar un corazón muy eficaz con cuatro cavidades, y unos dientes encajados en alveolos en la mandíbula en vez de estar fijos al hueso. Los cocodrilos marinos son muy poco habituales ya que la mayoría de los cocodrilos prefieren hábitats de agua dulce. En realidad, este tipo de cocodrilo es el más marino de todos estos predadores gigantes. En Australia suelen encontrarse en estuarios y aguas salinas costeras. Incluso se ha encontrado alguno a casi 1.000 km de la costa. Sin embargo, sí que se desplazan fuera de su hábitat, y los machos de estatus más bajo son expulsados con frecuencia a ríos, pantanos y aguas estancadas por los machos dominantes que protegen su territorio y sus derechos de reproducción.

SUJECIÓN DEMOLEDORA

Los cocodrilos están bien equipados para la vida de cazador ya que poseen unas enormes mandíbulas increíblemente fuertes. Se estima que una tonelada de cocodrilo puede ejercer una fuerza demoledora equivalente a 13 veces su propio peso.

Un guarda de un zoo de Australia experimentó esta fuerte sujeción de primera mano un día que debía trasladar de recinto a un gran macho. Tuvo la suerte de vivir para contarlo. La técnica utilizada por el guarda para el traslado era la empleada habitualmente, consistente en colocar una cuerda con lazo alrededor del hocico del cocodrilo para mantener cerradas las mandíbulas. Cuando el guarda tirara de ella, el cocodrilo se resistiría; como es natural, tiraría hacia atrás y el lazo se apretaría. Sin embargo, el guarda aflojó la sujeción de la cuerda durante solo un momento, y el cocodrilo se precipitó hacia delante y le agarró el brazo. A continuación, el cocodrilo empezó su «rodar para matar», destinado a dejar sin

Comparaciones

Aunque el cocodrilo marino prefiere zonas costeras, los ríos de agua dulce, lagos y terrenos pantanosos de Australia son igualmente el hogar de este impresionante predador. El cocodrilo de agua dulce, apodado *Freshie* por los habitantes de la zona, es un pariente del cocodrilo marino, pero suele ser mucho más pequeño. Aunque vive casi exclusivamente de una dieta de animales acuáticos, representa una fuerza a tener en cuenta. Aunque es menos agresivo que la variedad marina, se sabe que ataca a bañistas durante los periodos en los que escasea su comida natural.

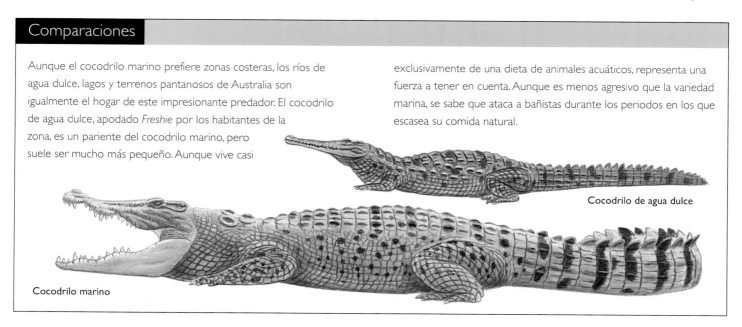

Cocodrilo de agua dulce

Cocodrilo marino

sentido y desmembrar a una presa grande. Todavía con el brazo del guarda agarrado, el enorme reptil empezó a rodar. A pesar de su agonía, el guarda sabía que si no se revolcaba con el cocodrilo, le arrancaría el brazo. Después de solo 20 segundos, hombre y cocodrilo estaban separados, pero fue el tiempo suficiente para que los huesos y nervios del brazo del guarda quedaran totalmente destrozados.

EL MENÚ

El cocodrilo marino come una variedad de presas, entre ellas mamíferos como los humanos. Hay historias terribles muy bien documentadas sobre marineros náufragos que fueron atacados por cocodrilos marinos durante la Segunda Guerra Mundial. Aún hoy en día las personas de esta región son muy cautelosas cuando se trata de estos famosos asesinos. Por suerte, la comida favorita de este cocodrilo no está tan cerca de casa. Las crías suelen comer presas más pequeñas, probablemente no más grandes que insectos durante los primeros años de su vida. A medida que crece el cocodrilo, también lo hacen sus habilidades para la caza. Como las crías flotan, se ven obligadas a tragar piedras que les ayuden a permanecer sumergidas en el agua el tiempo suficiente para acechar a una presa con eficacia. Sin embargo, con la práctica pasan rápidamente a una dieta de ranas, lagartos, cangrejos de las marismas y tortugas. A medida que van creciendo, la caza les resulta más fácil. Un golpe de la cola de un cocodrilo de 7 m es suficiente para dejar sin sentido a la mayoría de los animales. Una vez incapacitada, la presa es arrastrada hacia el fondo del agua y ahogada. El estómago del cocodrilo marino tiene grandes músculos que le ayudan a moler la carne; por tanto, digerir una gran comida, como un búfalo, no resulta un problema.

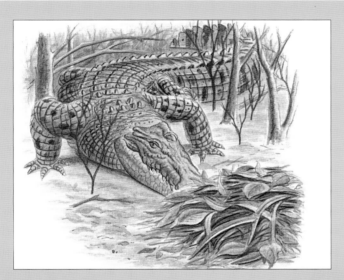

Poco después del apareamiento, la hembra construye un nido de 1 m de altura y 2,5 m de ancho cerca de la orilla del agua.

Durante la incubación, que dura 90 días, defiende con ferocidad el montículo de predadores como el lagarto monitor.

Cuando los huevos empiezan a eclosionar, la madre excava para sacar a sus bebés.

La madre transporta delicadamente a los recién nacidos hasta el agua dentro de sus mandíbulas para que naden por primera vez.

Demonio de Tasmania

El demonio de Tasmania es el marsupial carnívoro más grande de Oceanía. Con su aspecto fiero, naturaleza territorial y aullidos aterradores, un «demonio» adulto de 80 cm es digno de su nombre.

Pies

El demonio de Tasmania es un marsupial poco corriente en lo que se refiere a los dedos. En las patas delanteras tiene cinco dedos y en las traseras, solo cuatro. Cada dedo termina en una garra corta.

Dientes

Dentro de estas fuertes mandíbulas hay filas de grandes molares. Estos dientes se suelen usar para aplastar y moler alimentos y son ideales para romper huesos.

Características	ORDEN: *Marsupialia* / FAMILIA: *Dasyuridae* GÉNERO Y ESPECIE: *Sarcophilus harrisii*	
PESO	5-10 kg	
LONGITUD		
CABEZA Y CUERPO	52-80 cm	
COLA	23-30 cm	
MADUREZ SEXUAL	A los 2 años	
ÉPOCA DE APAREAMIENTO	En otoño	
PERIODO DE GESTACIÓN	31 días	
NÚMERO DE CRÍAS	2 a 4	
INTERVALO ENTRE NACIMIENTOS	1 año	
DIETA	Sobre todo carroña; también presas vivas que varían desde insectos a otros marsupiales	
ESPERANZA DE VIDA	Hasta 8 años	

Los demonios de Tasmania fueron comunes en toda Oceanía en otra época, pero probablemente su presencia fue disminuyendo después de la llegada de los dingos, que aparecieron en el continente junto a los aborígenes hace unos 50.000 años. Aunque en alguna ocasión se les ha visto en tierra firme, se cree que en la actualidad el demonio de Tasmania solo puede hallarse en Tasmania, lo que les convierte en una parte única e irremplazable del ecosistema de la isla.

GARRAS Y DIENTES

Resultaría difícil confundir a un demonio de Tasmania con cualquier otro animal. Aunque su tamaño es como el de un tejón europeo, el aspecto y los sonidos que emite este poderoso marsupial son mucho más terribles.

Los dientes y las mandíbulas del demonio de Tasmania son probablemente sus armas ofensivas más destacadas. Puede morder con la fuerza de un animal que mida cuatro veces más que él. Los ejemplares jóvenes son cazadores ágiles, pero a medida que envejecen dependen más de la carroña. En proporción la cabeza es más grande, así que sus mandíbulas disponen de un mejor apoyo para aplastar huesos y atravesar la piel. En animales muy viejos, la cabeza puede alcanzar hasta una cuarta parte del peso de su cuerpo.

Los demonios pueden abrir las mandíbulas 120° y a menudo muestran sus dientes en enormes bostezos. Este bostezo podría ser un ejemplo de «actividad sublimadora». En momentos de presión, tanto los hombres como los animales suelen hacer cosas que parecen fuera de lugar: alguien puede, por ejemplo, rascarse la nariz cuando está nervioso. Esta conducta puede ser un intento de demostrar que, más que preocupado, en realidad se está relajado y seguro. No obstante, cuando el demonio de Tasmania

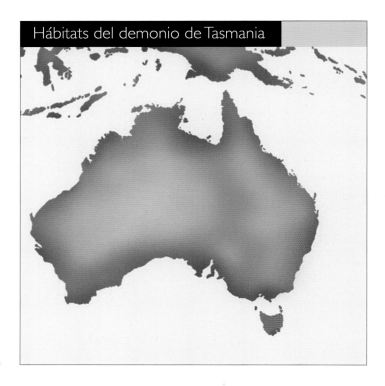

Hábitats del demonio de Tasmania

enseña los dientes, probablemente nadie desearía encontrarse cerca para averiguar lo que significa.

AULLIDOS EN LA NOCHE

A pesar de su aspecto intimidatorio, el demonio de Tasmania ha adquirido su nombre, probablemente, por los sonidos que emite. Los demonios son animales muy vocales y cuando están luchando lanzan unos aullidos escalofriantes que tuvieron que sobrecoger a los primeros colonos europeos.

La mayoría de las agrupaciones de animales son jerárquicas. Poseen una orden de prevalencia que determina qué machos o hembras, por ejemplo, se benefician más de

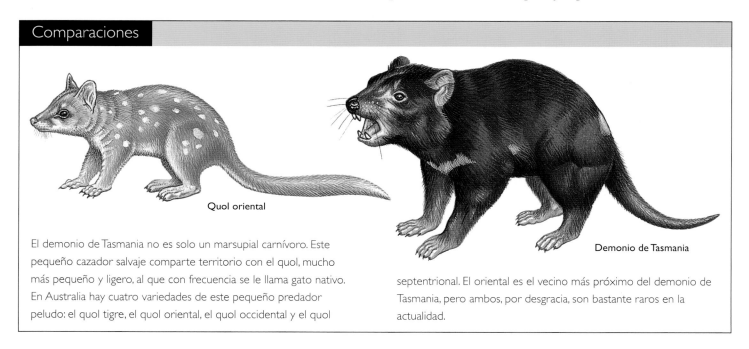

Comparaciones

Quol oriental

Demonio de Tasmania

El demonio de Tasmania no es solo un marsupial carnívoro. Este pequeño cazador salvaje comparte territorio con el quol, mucho más pequeño y ligero, al que con frecuencia se le llama gato nativo. En Australia hay cuatro variedades de este pequeño predador peludo: el quol tigre, el quol oriental, el quol occidental y el quol

septentrional. El oriental es el vecino más próximo del demonio de Tasmania, pero ambos, por desgracia, son bastante raros en la actualidad.

las presas, o controlan mejor el territorio. Esto evita conflictos innecesarios dentro del grupo. Los demonios no son especialmente territoriales ni cazan en grupo, pero los machos lucharán entre sí por la comida o el acceso a las hembras durante la época de apareamiento. Las hembras suelen tener cicatrices alrededor del cuello porque el macho les suele morder en esa zona para someterlas durante el apareamiento.

TODO LO QUE PUEDAS COMER

Uno de los nombres que recibe el demonio de Tasmania es el de amante de la carne de Harris, en honor al hombre que los descubrió. Como el nombre indica, estos animales son fundamentalmente carnívoros. Come casi cualquier tipo de carne, desde pequeños insectos a aves, de vez en cuando alguna oveja e incluso a otros demonios de Tasmania si tienen mucha hambre, aunque su manjar preferido es el wombat, otro marsupial.

Al igual que muchos otros predadores, los demonios suelen comer enormes cantidades de carne de una sola vez. En media hora pueden consumir aproximadamente el 40% del peso de su cuerpo. En buena medida, la razón de estos atracones es que no siempre tienen éxito en la caza. Un predador siempre come tanto como puede cuando surge la oportunidad ya que no sabe dónde o cuándo se producirá la siguiente comida. Pero incluso esta gran cantidad de comida solo le dura unos cuantos días a un demonio de tamaño medio. Los demonios siempre han tenido fama de carroñeros más que de cazadores auténticos. Es cierto que comen carroña. Pero es en los páramos donde los demonios de Tasmania son más predadores e impresionantes. En terreno accidentado un demonio puede correr a más velocidad que un humano. También son excelentes nadadores y trepadores, lo cual significa que se pueden adaptar a la mayoría de los entornos y convertirse en unos formidables cazadores.

El demonio de Tasmania emplea su fino sentido del olfato para localizar la carroña cuando busca su comida por el territorio australiano.

El rastro que sigue le lleva a un ualabí muerto. Siendo consciente de que es una buena oportunidad, el demonio de Tasmania intenta comer tanto como le es posible antes de que llegue la competencia.

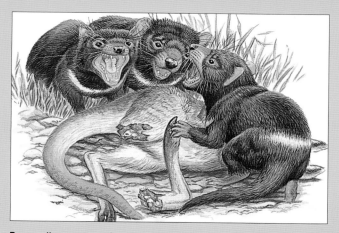

Pronto llegan otros dos demonios de Tasmania atraídos por el olor a carne y sangre. Los congregados intentan intimidar a sus rivales gruñendo y chillando.

Uno de los demonios ve la oportunidad de atiborrarse mientras los otros se amenazan mostrándose sus enormes y fuertes mandíbulas abiertas.

Foca leopardo

La foca leopardo recibe este nombre por las manchas de su pelaje, pero tiene una fama que envidiaría su tocayo de tierra. Cazador agresivo de voraz apetito, la foca leopardo es uno de los predadores que encabezan la lista del hemisferio sur.

Aletas

Las aletas alargadas de la foca leopardo le permiten moverse con rapidez y eficacia en el agua cuando va en busca de su presa.

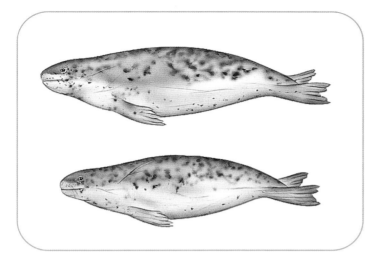

Características

ORDEN: *Pinnipedia* / FAMILIA: *Phocidae*	
GÉNERO Y ESPECIE: *Hydrurga leptonyx*	

PESO	Macho: 325 kg; hembra: 370 kg
LONGITUD	Macho: 2,8 m; hembra: 3 m
MADUREZ SEXUAL	Macho, a los 4 años; hembra, a los 3 años
ÉPOCA DE APAREAMIENTO	En verano
PERIODO DE GESTACIÓN	9 meses, más otros 3 meses de implantación retardada
NÚMERO DE CRÍAS	1
INTERVALO ENTRE NACIMIENTOS	1-2 años
DIETA	Krill, peces, calamares, pingüinos y otras aves marinas, como focas jóvenes
ESPERANZA DE VIDA	Unos 25 años

Macho y hembra

En una gran parte del reino animal, los machos suelen ser más grandes que las hembras. Sin embargo, la foca leopardo hembra es un 5% más grande que el macho.

Dientes

Un alimento básico en la dieta de la foca leopardo es el krill. Lo comen colándolo entre sus dientes, que se han adaptado de un modo especial para esta tarea.

Hábitats de la foca leopardo

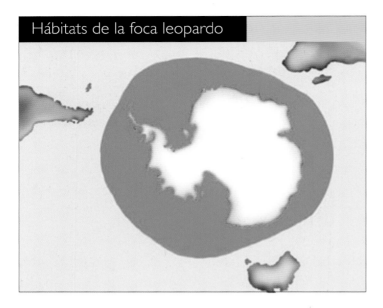

Las focas leopardo se encuentran muy extendidas por la mitad meridional del globo. Forman su hogar principalmente a orillas del hielo antártico, donde se aparean y reproducen, pero también se encuentran entre los visitantes más inesperados de Oceanía, donde aparecen de modo regular durante el invierno y la primavera siguiendo la línea costera de Nueva Zelanda, Australia e islas cercanas.

CAZADORES ASESINOS

Las focas leopardo son los miembros más grandes y hostiles de la familia de las focas (familia *Phocidae*). Se ha dicho que la foca leopardo atacará e intentará comerse casi cualquier cosa, pero probablemente el mayor volumen de su dieta está compuesto de krill, un animal pequeño como el camarón que comen las ballenas en cantidades enormes. El pulpo y el calamar también se encuentran en su menú.

No obstante, estos mamíferos gigantes no se han ganado su fama de asesinos por comerse a estos insignificantes pececillos, sino por el enérgico asedio al que someten a los pingüinos, y que es una muestra evidente de su habilidad cazadora. En menos de un minuto, una foca leopardo puede saltar del agua, agarrar a un pingüino directamente del hielo y estamparlo contra la superficie del agua. Lo hace con tanta fuerza que el estruendo que produce el cuerpo del animal cuando choca contra el agua se puede oír a más de 1 km de distancia. Una foca leopardo puede cazar y comerse hasta seis pingüinos de esta manera en poco más de una hora. Las focas leopardo también se alimentan regularmente de otros miembros de la familia *Phocidae*, sobre todo de focas cangrejeras. En realidad, son las únicas focas que se alimentan de animales de sangre caliente, y esta lista incluye algunos manjares sorprendentes. Por ejemplo, una foca que fue capturada en la costa australiana tenía un ornitorrinco en su estómago. A diferencia de otras focas, la leopardo tiene dientes largos y afilados (ideales para morder) y se ha sabido que incluso los han probado con desafortunados científicos y turistas que se habían acercado demasiado.

DE CRÍA A DEPREDADOR

La foca leopardo es un animal solitario y únicamente se puede encontrar en grupos durante la época de cría, que dura un par de meses. El apareamiento tiene lugar en el

Comparaciones

Uno de los parientes más cercanos de la foca leopardo es la foca peletera, llamada así porque se caza por su piel. Las focas peleteras, los leones marinos y las morsas tienen la habilidad de hacer girar sus aletas hacia abajo. Esto significa que pueden caminar sobre las cuatro de un modo efectivo, aunque lento. La foca leopardo no tiene esa habilidad pero, cuando está en tierra, se propulsa tumbándose sobre el hielo y contrayendo los músculos del estómago para crear movimiento hacia delante.

Foca peletera

Foca leopardo

agua y solo nace una cría después de 11 meses de embarazo. Los machos rara vez se acercan a las colonias, y probablemente continúan sus vidas por separado poco tiempo después del nacimiento. Sin embargo, para una hembra la tarea de enseñar a la joven foca leopardo las habilidades que necesita para sobrevivir no ha hecho más que empezar. Al nacer, las crías pueden pesar tan solo 22 kg; parecen focas adultas en miniatura a excepción del suave y espeso pelaje, que tendrán que mudar antes de poder aprender a nadar. Al igual que los adultos, las crías tienen buen apetito y crecen rápidamente comiendo desde krill hasta presas más grandes; entre los 3-6 años alcanzan la edad adulta.

EN CASA, EN EL MAR

La foca leopardo posee un diseño aerodinámico, hecho a medida para vivir en el mar. Su cuerpo largo es esbelto, de modo que puede moverse por el agua con eficacia. Utiliza las aletas alargadas traseras y delanteras para propulsarse hacia delante y cambiar de dirección. Estas adaptaciones le permiten a la foca nadar a una velocidad de 16 km/h. En tierra, la foca leopardo tiene mucha menos movilidad. Todas las focas tienen una capa de grasa espesa (tejido adiposo) que les ayuda a mantenerse calientes. También las hace grandes, voluminosas y lentas en tierra. Por suerte, las focas leopardo son tan feroces que tienen pocos enemigos naturales, aparte de la ballena asesina.

La foca leopardo observa a los pingüinos desde debajo del agua y espera con paciencia a que entren en el mar.

Ignorantes de que la foca les está esperando, los pingüinos se lanzan al agua. La foca se abalanza y ataca.

La boca de la foca está provista de dientes curvados y largos que le permiten agarrar al pingüino escogido y sujetarlo con mucha fuerza.

La foca es incapaz de tragarse entero al pingüino, así que le quita la piel sacudiéndolo con fuerza. Después, se come la carne, pero algunas partes, como la cabeza y los huesos, son desechadas.

Lagarto de collar

En el reino animal la apariencia lo es todo. Algunas veces parecer peligroso es uno de los modos más eficaces de protegerse uno mismo contra predadores más grandes y mortíferos; el lagarto de collar es uno de los grandes simuladores de la naturaleza.

Características	ORDEN: *Squamata* / FAMILIA: *Agamidae* GÉNERO Y ESPECIE: *Chlamydosaurus kingii*	
PESO	Hasta 740 g	
LONGITUD		
CABEZA Y CUERPO	25 cm	
COLA	51 cm	
MADUREZ SEXUAL	Entre los 2 y los 3 años	
ÉPOCA DE CRÍA	Primavera	
NÚMERO DE HUEVOS	De 4 a 13 (una media de 8)	
PERIODO DE INCUBACIÓN	175-195 días (a 30 °C)	
INTERVALO ENTRE NACIMIENTOS	Pueden poner más de una nidada en cada época de cría	
DIETA	Principalmente larvas de mariposas y mariposas nocturnas, termitas y hormigas; también mamíferos pequeños	
ESPERANZA DE VIDA	Hasta unos 5 años en estado salvaje	

Dientes

En la parte frontal de la boca del lagarto de collar hay dientes afilados y cortantes. En la parte posterior, los dientes cortantes son más pequeños. A diferencia de los de los humanos, que encajan en los alveolos, estos dientes traseros en realidad forman parte de la mandíbula.

Garras

El lagarto dispone en los cinco
dedos de garras curvadas y largas
que le permiten agarrarse y
sostenerse tanto en rocas
como en árboles.

El lagarto de collar pertenece a la familia *Agamidae*, que incluye unas 300 especies comunes en las zonas más templadas de África, Asia y sur de Europa. En Australia, este esbelto reptil habita las zonas arenosas y semisecas del norte y noreste.

MENSAJES ENGAÑOSOS

Los animales se envían señales unos a otros en todo el mundo. Por ejemplo, la serpiente coral, muy venenosa, utiliza sus rayas naranjas y negras para avisar a sus posibles predadores diciéndoles: «Soy peligrosa. Mantente alejado». El abejorro utiliza el amarillo y el negro para lanzar un mensaje similar. La mariposa monarca de vivos dibujos tiene un sabor amargo. Con el paso de miles de años, los pájaros han llegado a asociar este sabor con la coloración de la mariposa y, por tanto, ya no se las comen.

La valiosa lección que han aprendido muchos animales es que no necesitan tener veneno, aguijones o un mal sabor.

Solo es necesario que sus enemigos crean que los tienen. La serpiente falsa coral, por ejemplo, tiene unas manchas parecidas a la verdadera, pero es totalmente inofensiva. La mosca de las flores se parece al abejorro, pero no tiene aguijón. La mariposa virrey tiene una coloración parecida a la que exhibe la monarca pero, comparada con su homóloga, constituye un sabroso bocado. Esta forma de coloración protectora se conoce como mimetismo de Bates, llamada así por el naturalista inglés Henry Bates (1825-1892), que fue el primero que la identificó.

COLLARES Y ESTREMECIMIENTOS

El mecanismo de defensa del lagarto de collar no se basa en imitar a ningún animal específico, sino en aparentar ser mucho más grande y peligroso de lo que es en realidad. Lo consigue utilizando la gran solapa de piel que tiene alrededor del cuello. Normalmente esta solapa descansa sobre los hombros del lagarto pero, en momentos de peligro, la abre

Cuando se acerca el predador, el lagarto se queda inmóvil y mantiene plegada su gorguera esperando pasar lo más inadvertido posible.

Si el predador continúa acercándose, el lagarto extiende su gorguera de repente y abre la boca. La exhibición del amarillo y el rosa está destinada a asustar a los enemigos.

A continuación, el lagarto se alza para arremeter contra su insistente atacante, luciendo sus afilados dientes y su cola parecida a un látigo.

Finalmente, si no ha tenido éxito y no puede expulsar al atacante, el lagarto se alejará corriendo o trepará al árbol más próximo para escapar.

Comparaciones

Frente a la costa noroccidental de Australia se encuentra la isla de Komodo, una de las 13.500 islas, más o menos, que constituyen Indonesia, y que se ha hecho famosa por ser el hogar del lagarto más grande del mundo, el dragón de Komodo. Cuando se compara con el humilde lagarto de collar, el de Komodo aún resulta más impresionante ya que pesa 200 veces más y es cinco veces más largo.

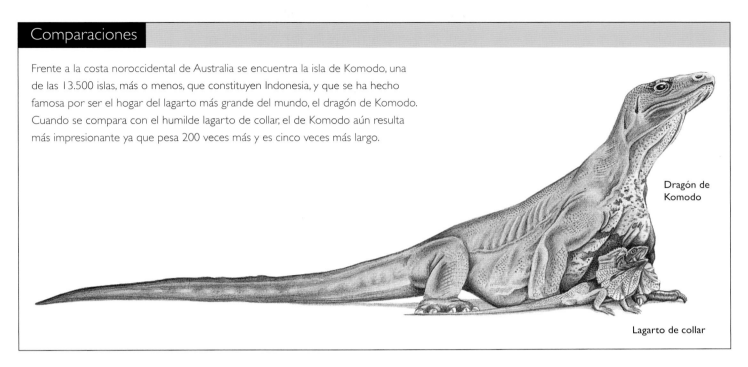

Dragón de Komodo

Lagarto de collar

como un paraguas y emplea un tejido resistente y elástico llamado cartílago para mantenerla erguida. Cuando está completamente abierta, esta gorguera puede medir 20 cm de diámetro; por tanto, es tan larga como la cabeza y el cuerpo del lagarto juntos. Para incrementar el efecto intimidatorio, el lagarto abrirá también la boca y se balanceará de lado a lado para dar la impresión de que su cabeza es aún más grande. Si este aviso inicial resulta ignorado, el lagarto empezará a andar hacia el intruso silbando muy alto. A pesar de que el lagarto de collar no suele comer nada más grande que arañas, huevos y, alguna vez pájaros, este farol suele surtir efecto. Incluso los perros salvajes australianos que, de un modo regular, atacan a animales más grandes y peligrosos, retroceden rápidamente ante este predador de apariencia terrible.

VIDA DE UN ACTOR...

El lagarto de collar está diseñado para vivir en el bosque. Tanto sus patas delanteras, largas y delgadas, como sus largas patas traseras le facilitan el agarre a los árboles y trepar por ellos. Por la noche sobre todo, el lagarto se encuentra mucho más cómodo en las ramas, donde, de un modo relativo, se encuentra a salvo de predadores como dingos o quoles. El lagarto de collar es solitario por naturaleza, pero durante la época de apareamiento se toma muchas molestias para atraer a su pareja. Durante esta época los machos son mucho más agresivos con otros machos, y lucharán con frecuencia por el territorio o por las hembras. Para atraer a una hembra, el macho representará una danza de cortejo. Si a ella le interesa, responderá moviendo la cabeza hacia arriba y hacia abajo. Una vez ha ocurrido el apareamiento, la hembra pondrá entre 8 y 20 huevos diminutos. Las crías tardan 12 semanas en salir pero, a partir de ese momento, son totalmente independientes.

Por suerte, el lagarto también es un corredor veloz y, en aquellas ocasiones en las que su fanfarronada no prospera, aprovecha esta habilidad. Irguiendo la parte delantera de su cuerpo, el lagarto de collar puede correr a gran velocidad apoyándose solo en las patas traseras. Resulta interesante que las huellas que deja al correr de esta manera son parecidas a las de los dinosaurios del Mesozoico que vivieron entre 240 y 263 millones de años atrás. Está claro que este gran farolero ha estado escapándose así desde hace bastante tiempo.

Hábitats del lagarto de collar

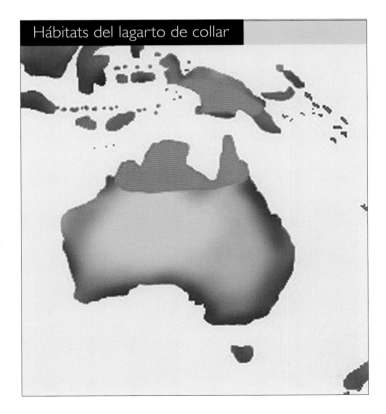

Pitón arborícola verde

Entre los árboles gigantes de los bosques tropicales que crecen al noreste de Australia, la pitón arborícola verde es dueña y señora del entorno. Es posible que esta serpiente dura y silenciosa no sea la pitón más grande, pero su espectacular camuflaje natural la convierte en una de las mayores asesinas clandestinas del bosque.

Crías

Cuando sale del huevo, la cría de pitón verde es más bien de color amarillo, rojo o marrón. Irá cambiando lentamente al color verde a lo largo de un periodo de medio año.

Características	ORDEN: *Squamata* / FAMILIA: *Boidae* GÉNERO Y ESPECIE: *Morelia viridis*
LONGITUD	Hasta 2 m, aunque normalmente mide la mitad
PESO	Hasta 9 kg, aunque normalmente alcanza de 3 a 6 kg
MADUREZ SEXUAL	A los 2 años
ÉPOCA DE CRÍA	Final de la estación húmeda
NÚMERO DE HUEVOS	10 a 20
PERIODO DE INCUBACIÓN	Unos 60 días
INTERVALO ENTRE NACIMIENTOS	1 año
DIETA	Sobre todo pájaros; también murciélagos y otros mamíferos pequeños
ESPERANZA DE VIDA	Hasta 35 años en cautividad

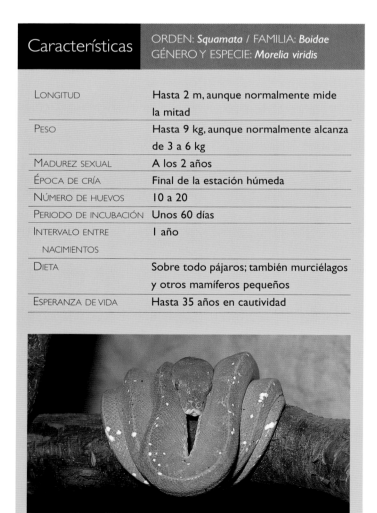

Dientes

Los dientes de una pitón miran hacia atrás, lo que le permite conseguir un mejor agarre de su presa.

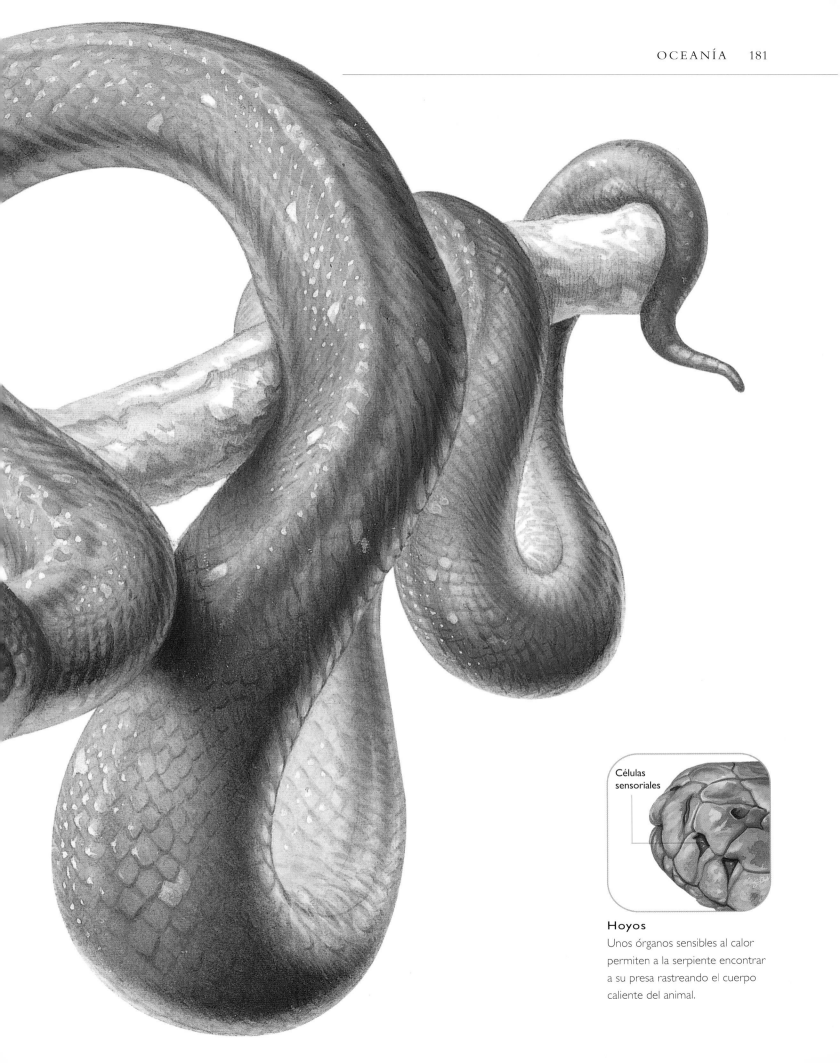

Hoyos

Unos órganos sensibles al calor permiten a la serpiente encontrar a su presa rastreando el cuerpo caliente del animal.

Células sensoriales

En busca de su siguiente comida, la pitón arborícola verde inspecciona un viejo árbol hueco agarrándose a una rama para afianzarse.

La pitón concentra su atención en el interior del hueco y utiliza los sensores situados en el labio superior para buscar a su presa en la oscuridad.

La pitón elige su víctima de entre la colonia de murciélagos que descansan en el interior del árbol y se prepara para atacar a su presa.

El murciélago dormido se encuentra indefenso cuando la serpiente, incapaz de masticar, expande sus mandíbulas elásticas y se traga a su presa entera.

La pitón es uno de los miembros más extendidos y mejor adaptados de la familia de las serpientes. Las más grandes y famosas son las africanas y las asiáticas, pero la pitón arborícola verde, que es solo un poco más pequeña, es igual de diversa. Se pueden encontrar variedades en todas las regiones tropicales del mundo, incluyendo zonas de Irán, Nueva Guinea y Australia.

UN MUNDO DE COLOR

A pesar de su nombre, la pitón arborícola verde puede variar de color. En realidad, cuando sale del huevo es más amarilla, roja o marrón que de color verde. Después de unos seis meses, empieza a cambiar de color lentamente. Esta transición puede ocurrir en una semana, pero pueden pasar hasta tres meses antes de que la pitón logre su coloración final de adulta. Incluso entonces puede no ser del todo verde, sino amarilla o azul. Las variedades azules son bastante raras y especialmente valiosas para los criadores de serpientes.

Muchos animales poseen la habilidad de cambiar de color. El camaleón es un ejemplo extremo de este fenómeno; este sorprendente lagarto puede cambiar el color de su piel, para responder a su entorno, utilizando hormonas de su cuerpo que reaccionan a cambios de humor, temperatura y luz. De este modo, cuando se siente amenazado, puede hacerse casi invisible. Incluso los pájaros cambian su plumaje de invierno a verano, lo que les permite confundirse mejor con su entorno cambiante. Los herpetólogos no han descubierto la razón por la que las pitones arborícolas cambian de color a medida que crecen, pero es probable que lo hagan como mecanismo de protección ya que las pitones jóvenes, al igual que las crías de otros animales, corren peligro ante una gran variedad de predadores.

Comparaciones

Para sobrevivir en entornos diferentes, los animales tienen que adaptarse. Cuando las condiciones son las mismas, los animales desarrollan características de supervivencia similares. Esto se llama evolución paralela, y un buen ejemplo de ello son la pitón arborícola verde y la boa arborícola esmeralda.

La boa esmeralda, como la pitón verde, vive en el bosque tropical, aunque la boa es autóctona de Sudamérica. Sus hábitats naturales son tan parecidos que su aspecto y su comportamiento han evolucionado de un modo sorprendentemente similar, a pesar de vivir tan alejadas.

Boa arborícola esmeralda

Pitón arborícola verde

AHORA ME VES...

Para muchos animales un camuflaje eficaz no solo es defensivo. Representa un papel importante también en la caza. Las manchas del pelaje de un guepardo lo ayudan a ocultarse cuando acecha una presa en las altas hierbas de la sabana africana. El gran contraste entre las manchas negras y el fondo claro rompe la línea del contorno del guepardo y, a distancia, resulta difícil verlo. Este tipo de camuflaje, llamado coloración interrumpida, ha sido imitado durante siglos por los humanos en tiempos de guerra. La pitón arborícola verde adulta emplea una forma de camuflaje llamada coloración críptica, que le permite confundirse con su medio. Aunque a nosotros nos parecen muy vivos sus colores, resultan perfectos para su entorno ya que las pitones verdes son completamente «arborícolas»; duermen, crían y, probablemente, anidan entre los árboles. Es aquí también donde cazan utilizando técnicas en las que emplean su camuflaje natural con el máximo resultado.

AHORA NO ME VES

Las pitones arborícolas necesitan comer solo cada 10 o 14 días. Lo hacen con un poco más de frecuencia que la mayoría de las pitones ya que las hembras que están incubando suelen permanecer sin comer durante los cinco meses que dura este periodo y, por tanto, necesitan crear reservas de grasa. No tener que comer todos los días tiene sus ventajas: las pitones se pueden permitir ser predadores pacientes. Enroscando su largo cuerpo alrededor de las ramas de un árbol, pueden permanecer allí durante días, prácticamente inmóviles, hasta que la comida se cruza en su camino. Una vez en posición, se mantiene tan tranquila y silenciosa que incluso la presa puede arrastrarse por su cuerpo enroscado sin ser consciente de que la muerte está cerca.

Durante la caza, la pitón arborícola verde utilizará su cola prensil para anclar su cuerpo al árbol y descenderá el resto de su masa corporal en busca de comida. Una vez situada a la distancia de ataque, la pitón hundirá sus dientes en la víctima. Los pájaros constituyen gran parte de la dieta de una pitón arborícola que, como muchas serpientes comedoras de pájaros, posee dientes especialmente largos que pueden atravesar las plumas y, a la vez, sostener esta comida rápida. Después, de un modo parecido a como lo hacen las pitones reticuladas, asfixiarán a su víctima contrayéndose y se la comerán mientras cuelgan cabeza abajo.

Hábitats de la pitón arborícola verde

Quol

Antes de que se introdujeran animales europeos en Australia, el quol tigre figuraba como uno de los mamíferos devoradores de carne más grandes de la isla. Cazadores feroces, predatorios y competitivos, los quoles intentarán comerse casi cualquier cosa. En su propio ecosistema, a estos pequeños cazadores feroces se les apoda «gato tigre».

Características	ORDEN: *Marsupialia* / FAMILIA: *Dasyuridae* GÉNERO Y ESPECIE: *Dasyurus*	
Peso	0,3-7 kg	
Longitud		
Cabeza y cuerpo	12-75 cm	
Cola	12-55 cm	
Madurez sexual	Al cumplir 1 año	
Época de apareamiento	Dependiendo de la especie	
Periodo de gestación	12-21 días	
Número de crías	1 a 8 (hasta 30 en el quol oriental, pero solo 6 u 8 sobrevivirán)	
Dieta	Mamíferos pequeños, pájaros, reptiles, anfibios, insectos, arañas, lombrices, fruta, carroña y basura en zonas urbanas	
Esperanza de vida	El quol oriental, 3-4 años; en otras especies, se desconoce	

Dedos

Al igual que el demonio de Tasmania, el quol oriental es un marsupial poco corriente porque en cada uno de sus pies traseros solo hay cuatro dedos (lo normal es cinco). Esta anomalía no impide que este pequeño marsupial sea un excelente trepador.

Dientes

Los quoles son «poliprotodontos», es decir, que tienen más de cuatro incisivos (los dientes afilados que sirven para cortar) en la mandíbula inferior.

Hábitats del quol

Los quoles se encuentran entre los animales más conocidos y queridos de Oceanía. No obstante, muchas variedades se enfrentan al peligro de extinción ya que se están destruyendo sus hábitats como consecuencia de la expansión de la vida urbana.

¿SEGUNDA OPCIÓN?

Los marsupiales son una forma antigua de mamíferos que hicieron su aparición por primera vez en la Tierra al mismo tiempo que los dinosaurios. Los mamíferos modernos suelen ser placentarios: sus crías crecen en el interior del cuerpo donde les suministra nutrientes y oxígeno un órgano desarrollado para este propósito: la placenta. Cuando nace la cría completamente formada, la placenta se expulsa después del parto. En los marsupiales, las crías nacen en un estado de desarrollo muy inmaduro. Los quoles recién nacidos, por ejemplo, son del tamaño de un grano de arroz aproximadamente. Para sobrevivir, estos diminutos bebés ciegos y casi sin miembros tienen que penetrar por el pelaje de su madre hasta que encuentran una solapa de piel llamada marsupio (bolsa). Una vez dentro, la cría se sujeta a un pezón que proporciona leche. En el caso de los quoles solo hay seis pezones para 30 bebés, por tanto solo la primera media docena sobrevivirá. La cría se mantiene agarrada al pezón durante ocho semanas, hasta que termina de desarrollarse y está preparada para abandonar la bolsa. En el caso de marsupiales más grandes, como los canguros, esta fase de desarrollo puede durar medio año. Los mamíferos placentarios se convirtieron en el «modelo» dominante en todo el mundo porque sus crías tenían más probabilidades de sobrevivir hasta la edad adulta. Sin embargo, como Oceanía estuvo aislada del resto del mundo durante 200 millones de años, los marsupiales crecieron bien sin la competencia de los mamíferos placentarios.

EL GRANDE Y EL PEQUEÑO

En estado salvaje los quoles se encuentran en Australia y Nueva Guinea solamente. Existen cuatro variedades de esta pequeña especie autóctona peluda: el quol tigre, el quol oriental, el quol occidental y el quol norteño. A los quoles también se les conoce como gatos nativos o gatos marsupiales por su parecido con los felinos. El quol oriental es el miembro más grande de la especie, cuyo tamaño varía entre los 75 y los 120 cm. La variedad más pequeña es la

Comparaciones

Los desiertos secos del suroeste de Australia son el hogar de las ratas marsupiales o kowaris. Este temible cazador es más pequeño que el quol oriental, pero suele matar animales tan grandes como él, si no más. Cuando la comida pueda escasear debido a condiciones extremas, las ratas marsupiales serán capaces de pasar breves periodos de tiempo en un estado de semihibernación que se llama letargo. Esta habilidad práctica permite a la rata marsupial ahorrar energía y reservas de comida a la vez.

Quol oriental

Rata marsupial o kowari

norteña, que se encuentra en el norte tropical. Los quoles pasan gran parte de su tiempo en el suelo pero son trepadores expertos: las toscas almohadillas de sus zarpas delanteras les ayudan a agarrarse a la corteza del árbol, y sus largas garras le ofrecen una mejor sujeción.

Los quoles viven principalmente en zonas boscosas. Las variedades más grandes suelen hacer su guarida en una cueva o en un tronco hueco. Las más pequeñas pueden cavar madrigueras. Al igual que muchos predadores, los quoles son cazadores nocturnos y utilizan sus madrigueras para dormir durante el día. Cuando cazan son eficientes y parecen incansables, moviéndose constantemente desde el suelo a los árboles en busca de comida.

UN POQUITO DE TODO

A la naturaleza le encanta el oportunista. El quol puede ser carnívoro, si hablamos con propiedad, pero sus dientes indican otra cosa. Como todos los carnívoros, el quol tiene caninos largos y afilados que utiliza para desgarrar la carne. Sin embargo, también posee molares, que machacan y trituran materia vegetal. Esto significa que está equipado para sacar provecho de cualquier fuente de alimentación disponible, y ciertamente lo hace. Las presas naturales de un quol son ranas, pájaros y lagartos. Las variedades más grandes también se enfrentarán a los falangueros, que pueden pesar tanto como una quol hembra, así como a aves domésticas como los pollos. El quol también puede completar su dieta de forma habitual con carroña, semillas de planta y fruta. Esta flexibilidad en la alimentación significó para el quol australiano el éxito en su proceso de adaptación. Después llegó la inmigración, por desgracia, y como sucede con frecuencia, minó su evolución. Cuando llegaron los nuevos colonos en el siglo XVIII, trajeron con ellos muchos animales europeos, entre ellos zorros y gatos, con los que el confiado quol sencillamente no puede competir.

Durante el día el quol descansa en su guarida, pero cuando se acerca la noche se prepara para salir a cazar.

El quol se concentra en el ruido que hace una rata canguro, un marsupial del tamaño de un conejo.

A pesar del ataque sorpresa, la rata canguro se vuelve y se defiende. Sin embargo, el quol le asesta un mordisco mortal en el cuello.

El quol se retira bajo tierra con su premio, lejos de los ojos fisgones de carroñeros más grandes.

ASIA

OCÉANO
PACÍFICO

MAR DE
CHINA
MERIDIONAL

MAR DE
ARAFURA

MAR DE TIMOR

MAR DEL
CORAL

OCÉANO
ÍNDICO

AUSTRALIA

OCÉANO
PACÍFICO
SUR

CUENCA
AUSTRALIANA
MERIDIONAL

MAR DE
TASMANIA

OCÉANO
ANTÁRTICO

Océanos del mundo

~

Los océanos constituyen una de las últimas fronteras realmente
salvajes de la Tierra: un mundo enorme e inexplorado lleno
de criaturas fabulosas… y a menudo temibles.

Alrededor del 70% de la superficie de nuestro
planeta está cubierta por océanos, desde el Ártico
helado a las tibias aguas de los trópicos. Esta
inmensa superficie de agua en realidad constituye
un enorme océano «global» pero, con el paso de
los siglos, los cartógrafos (que son quienes hacen los
mapas) y los geógrafos han dividido esta colosal
masa acuática en varios «continentes» líquidos.

El océano más grande es el Pacífico, que cubre una
tercera parte de la superficie total del mundo. El siguiente
es el Atlántico, que linda con Europa y África por el este y con
las dos Américas por el oeste. El océano Índico, con solo la
mitad del tamaño del Pacífico, es el último de los «tres
grandes». Es el más cálido del mundo y toca las costas de

África, India y China, y abarca el mar Rojo y el Golfo Pérsico
en su viaje alrededor del globo. Los más pequeños de estos
entornos marinos son el océano Ártico, en el hemisferio
norte, y el océano Antártico, en el hemisferio sur, aunque
algunos geógrafos incluyen estas aguas heladas en los otros tres.

Estas grandes masas de agua son, en muchos sentidos, los
equivalentes líquidos de la selva, las llanuras y la tundra de
las grandes masas terrestres. Cada océano posee sus propios
herbívoros gigantes y astutos predadores, sus propios
luchadores, faroleros y fingidores. Pero la vida en las oscuras
profundidades de los océanos también ha encontrado
soluciones únicas a los problemas de la supervivencia,
convirtiendo a este mundo acuático en un lugar extraño,
sorprendente y a menudo muy peligroso.

Carabela portuguesa

La carabela portuguesa se encuentra a menudo en las aguas templadas que rodean Australia y Hawái. También es frecuente que lleguen hasta la costa durante las tormentas, y es entonces cuando representan la mayor amenaza para los humanos.

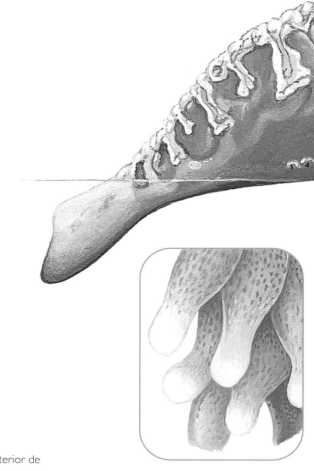

Nematocistos

Células que se encuentran en el interior de los tentáculos de la carabela portuguesa que terminan en unos filamentos barbados. Estos contienen una fuerte toxina que puede resultar mortal para cualquier animal o ser humano que tenga la mala suerte de rozarse con ellas en el agua.

Pólipos gástricos

Una vez que la presa ha quedado incapacitada por el veneno, unos organismos la digieren lentamente. Estos organismos están adaptados especialmente para realizar esta tarea.

Características

ORDEN: *Hydrozoa* / FAMILIA: *Siphonophora* / GÉNERO Y ESPECIE: *Physalia physalis*

PESO	Variable; su masa está compuesta de agua principalmente
LONGITUD FLOTANDO	Hasta 30 cm
LONGITUD DEL TENTÁCULO	Normalmente hasta los 10 m, pero puede alcanzar los 60 m
MADUREZ SEXUAL	Desconocida
ÉPOCA DE CRÍA	Todo el año
NÚMERO DE CRÍAS	Posiblemente millones durante su vida
INTERVALO ENTRE NACIMIENTOS	Se liberan medusas (fases sexuales activas) casi continuamente
DIETA	Peces pequeños y larvas de pez, crustáceos, plancton
ESPERANZA DE VIDA	Desconocida

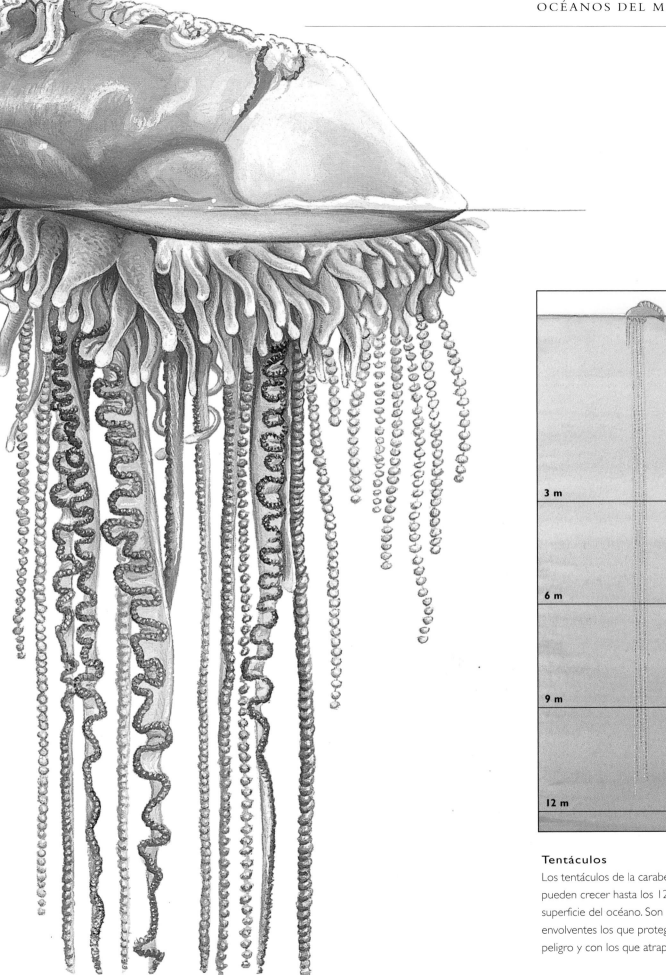

Tentáculos

Los tentáculos de la carabela portuguesa pueden crecer hasta los 12 m bajo la superficie del océano. Son estos largos brazos envolventes los que protegen a la colonia del peligro y con los que atrapan el alimento.

flotante, llamado neumatóforo, es el miembro originario de la colonia. Este individuo reproduce a todos los demás miembros adicionales. Como si eso no fuera ya bastante asombroso, cada nuevo miembro tiene un papel diferente que representar en la supervivencia, reproducción, caza y alimentación de la colonia.

¡TODOS A CUBIERTA!

Si nos imaginamos que la carabela portuguesa es un barco en miniatura, entonces los marineros y los responsables de la comida serían los dactilozoides. Son tentáculos que cuelgan por debajo de la línea de flotación. Normalmente el cuerpo de una carabela portuguesa mide entre 8-30 cm de anchura, pero sus tentáculos crecen hasta alcanzar los 12 m. Son estos largos brazos envolventes los que luchan por la colonia, protegen al conjunto del peligro y atrapan y acercan la comida. Células que se encuentran en el interior de estos tentáculos descargan unos filamentos barbados a los enemigos y a las presas. Estos filamentos contienen una fuerte toxina que puede resultar mortal para el ser humano si tiene la mala suerte de rozar una de ellas en el agua. Incluso una carabela portuguesa muerta que ha sido arrastrada hasta la playa por las olas es una seria amenaza para la salud y debe evitarse el contacto con ella.

Pero son los peces los principales destinatarios de este mortal paquete, todos los peces, a excepción de algunas especies de carángidos que parecen inmunes a ellas. El carángido ha desarrollado una simbiosis con la carabela portuguesa: una relación de «tú me rascas la espalda y

D ondequiera que sople el aire, la carabela portuguesa le sigue. Esta compleja criatura se llama así por un antiguo tipo de barco de guerra y, al igual que este tipo de navío, cruza los océanos del mundo con los vientos. La carabela flota empleando una gran bolsa de gas crestada que actúa a modo de vela sobre las olas. Esta estructura traslúcida (transparente) puede extenderse hasta 15 cm por encima del agua, pero también puede, al igual que una vela, bajarse durante las tormentas para evitar daños.

La carabela portuguesa parece un único individuo, pero este nómada del océano es en realidad una colonia de formas vivas separadas pero interdependientes. El dosel

Comparaciones

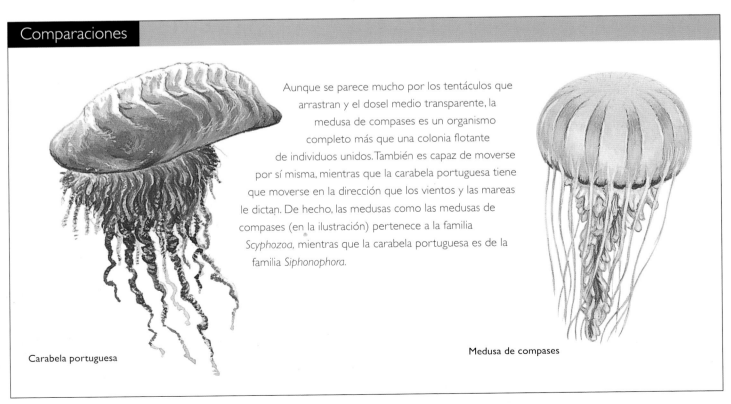

Aunque se parece mucho por los tentáculos que arrastran y el dosel medio transparente, la medusa de compases es un organismo completo más que una colonia flotante de individuos unidos. También es capaz de moverse por sí misma, mientras que la carabela portuguesa tiene que moverse en la dirección que los vientos y las mareas le dictan. De hecho, las medusas como las medusas de compases (en la ilustración) pertenece a la familia *Scyphozoa*, mientras que la carabela portuguesa es de la familia *Siphonophora*.

Carabela portuguesa

Medusa de compases

luego te la rasco yo a ti» en la que se benefician ambas partes. En realidad el carángido atrae hacia los tentáculos a una presa más grande y, en respuesta, recibe la recompensa de ¡compartir el botín! Una vez que la toxina ha realizado su función, los tentáculos llevan la comida a los gastrozoides. Estos son los motores de la carabela portuguesa. Digieren el cuerpo muerto empleando una serie de proteínas llamadas enzimas que descomponen la carne.

SÉ MI COLEGA

Los gonozoides son los talleres del barco, cuidan de la reproducción y «construcción» de más carabelas portuguesas. Este asombroso proceso es posible gracias a una forma de reproducción asexual llamada gemación.

La mayoría de los animales se reproduce cuando un macho y una hembra se aparean. La nueva vida se origina combinando el esperma del macho y el huevo de la hembra. Durante mucho tiempo se creyó que la carabela portuguesa era una medusa, pero en realidad es miembro del filo *Cnidaria,* un grupo de organismos marinos que incluye anémonas marinas e hidroides.

Los animales de este tipo se reproducen cuando una pequeña parte del individuo se separa y desarrolla como forma independiente. El nuevo individuo es idéntico genéticamente al padre original. Este proceso tiene sus inconvenientes. Cuando se reproduce un único individuo, también lo hacen todas sus carencias, mientras que los animales que nacen por reproducción sexual heredan los genes de ambos padres. Sin embargo, es un método de reproducción rápido y eficaz y las carabelas portuguesas se pueden multiplicar tan rápidamente que se suelen ver con frecuencia en las aguas templadas de la Corriente del Golfo.

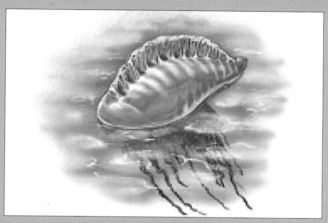

La carabela portuguesa es la nómada del Atlántico, transportada por todas las corrientes del océano. Asimismo la caza tampoco le supone esfuerzo alguno.

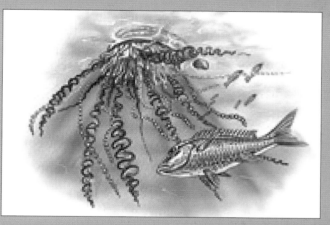

Por casualidad un pez pequeño roza los largos tentáculos. La carabela portuguesa reacciona al instante y le inmoviliza con una dosis de veneno.

Los tentáculos se contraen y empujan al indefenso pez hacia arriba, donde se encuentran los pólipos gástricos más espesos y cortos.

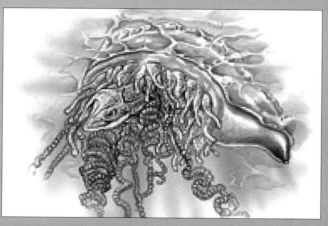

Comienza el proceso de la digestión. Los pólipos gástricos descomponen la carne de la víctima y distribuyen los nutrientes por toda la colonia.

Orca

Las orcas se conocen como «lobos del mar» y, como sus tocayos de tierra, las «ballenas asesinas» han aprendido que la caza en grupo puede ser una táctica muy eficaz… y mortal. Incluso las ballenas azules, que son los animales más grandes que existen, les sirven de menú a las orcas con regularidad.

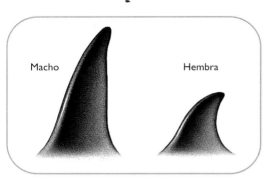

Aleta dorsal

Para diferenciar a una orca macho de una hembra solo hay que mirar su aleta dorsal. La aleta de la hembra mide la mitad que la del macho.

Características	ORDEN: *Caetacea* / FAMILIA: *Delphinidae* GÉNERO Y ESPECIE: *Orcinus orca*	
Peso	Macho: hasta 7.700 kg; hembra: hasta 5.500 kg
Longitud	Macho: 9 m; hembra: 8 m
Madurez sexual	Entre los 12 y 16 años
Época de apareamiento	Entre diciembre y junio en el hemisferio sur; entre mayo y julio en el hemisferio norte
Periodo de gestación	Entre 15 y 17 meses
Número de crías	Solo 1 con un intervalo entre nacimientos de 2 a 6 años
Dieta	Peces, calamares, focas y otras ballenas, entre ellas rorcuales aliblancos y ballenas grises
Esperanza de vida	Unos 30 años

Capacidad atlética

Las orcas realizan hazañas extraordinariamente atléticas cuando cazan. Algunas salen del agua con regularidad para atrapar a sus presas.

«Eco-localización»

Utilizando unas rápidas pulsaciones de alta frecuencia, parecidas a las que usan los murciélagos, las ballenas se valen del sonido para determinar forma, tamaño, dirección y velocidad de las presas. Las pulsaciones chocan contra los objetos y regresan en forma de eco, proporcionando a la ballena una imagen en 3D del mundo que le rodea.

Comparaciones

A diferencia de la orca gigante, los rorcuales aliblancos no tienen dientes. Al igual que muchas ballenas, se alimentan de plancton, diminutos organismos parecidos a plantas. El rorcual aliblanco puede hacerlo porque tiene unas láminas fibrosas adaptadas de un modo especial en su mandíbula que se llaman barbas. Las utiliza para «atrapar» plancton.

Rorcual aliblanco

Orca

A pesar de su nombre, la ballena asesina es en realidad el miembro más grande de la familia de los delfines. Se encuentra en todos los océanos del mundo. Las orcas se adaptan igual de bien en el Ártico que en los trópicos y pueden cubrir miles de kilómetros en busca de sus presas de temporada.

¡EL PODER PARA LA MANADA!
Las orcas son animales sociables y viven en grupos llamados manadas que están formadas por entre 5 y 30 ballenas. De vez en cuando estas manadas pueden integrarse en grupos más grandes, aunque al parecer se reúnen principalmente para cazar o criar.

La organización social dentro de una manada de orcas se basa en una jerarquía de machos y hembras dominantes, pero todos los miembros trabajan juntos para proteger a los jóvenes o enfermos. La sociedad de la ballena asesina está muy estructurada y es compleja; son de los pocos animales marinos a los que se ha visto enseñar y disciplinar activamente a sus crías.

CAZADORES SOFISTICADOS
La cantidad les da fuerza y pocos animales marinos pueden resistir el ataque de un grupo de orcas. Tiburones blancos, pingüinos, leones marinos y morsas forman parte de su dieta. Osos polares, alces e incluso otras ballenas asesinas se han encontrado también en los estómagos de las orcas, aunque el arenque es la comida que más consumen a diario.

Durante la caza, una manada de orcas trabaja unida con una eficacia perfecta; cada miembro tiene una función diferente.

Cuando el objetivo es un grupo de peces, las orcas acorralan al banco hasta formar una bola apretada y muestran sus vientres blancos para asustar a los peces y obligarlos a dirigirse hacia la superficie del agua. Colocándose debajo del banco, a continuación aturden a los peces golpeando con sus enormes colas en forma de hoz para luego atraparlos uno por uno.

Con presas más grandes pueden emplear tácticas más sofisticadas. Una orca necesita comer todos los días alrededor de un 5% del peso de su cuerpo, y realizará acciones extraordinariamente atléticas para atrapar a la presa más grande. Algunas, por ejemplo, salen del agua con regularidad (técnica que se llama varamiento intencional) para atrapar pingüinos o focas que están sobre el hielo. Con

Hábitats de la orca

Espiando a una foca que está tumbada sobre un témpano de hielo, las tres orcas se acercan para ver mejor…

Trabajando en equipo, dos de las orcas nadan hacia el témpano y lo inclinan de repente hacia el otro lado.

La foca asustada se desliza y cae directamente en la boca de la orca que espera. La foca no tiene posibilidad de escapar ante un ataque tan bien organizado.

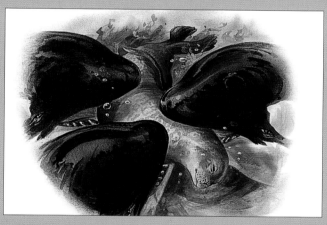

Las otras dos orcas se unen rápidamente al festín y desgarran a la foca hasta hacerla pedazos. El trabajo en equipo ha merecido la pena.

presas peligrosas, como las morsas, se requiere un acercamiento más cauteloso. La manada intentará aislar a un grupo familiar y después infundirá el pánico en los adultos; estos se lanzarán al agua dejando solos a los jóvenes, más vulnerables. A continuación la orca dará un coletazo a la joven morsa dejándola aturdida y sus enormes dientes entrelazados (de 7,6 cm) la harán pedazos. Las orcas no pueden masticar, pero sus bocas son lo suficientemente grandes como para tragarse a una foca entera.

PODERES EXTRAORDINARIOS

Las orcas son atletas natas. Sus cuerpos están adaptados a la perfección para vivir en los océanos. Son nadadoras veloces y ágiles. Por lo general, una ballena asesina nada a una velocidad de 3-9 km/h, pero se han registrado tiempos de hasta 56 km/h, lo cual la convierte en el mamífero marino más rápido. Como tienen pulmones en vez de branquias, las orcas deben salir a la superficie del agua con regularidad para poder respirar. No obstante, son capaces de mantener la respiración hasta diez minutos cuando están sumergidas reduciendo su ritmo cardíaco para ahorrar oxígeno. Cuando están descansando, se pone en marcha otra adaptación importante. Si una orca se quedara dormida, se ahogaría. Por tanto las orcas nunca duermen, solo descansa ¡la mitad de su cerebro!

Las orcas son animales muy vocales y se comunican continuamente con el resto de la manada mediante una serie de silbidos y gruñidos. Por medio de unas rapidísimas pulsaciones de alta frecuencia, parecidas a los que utilizan los murciélagos, las ballenas también pueden emplear el sonido para identificar su presa con una precisión increíble, determinando no solo la forma y el tamaño, sino también la dirección y la velocidad. Las pulsaciones chocan contra objetos y devuelven los ecos, lo que proporciona a la ballena una imagen en 3D del mundo que le rodea. Esta «eco-localización» es al parecer otro de los extraordinarios poderes de la ballena.

Pez globo

Con su cuerpo alargado y cabeza grande, el pez globo puede parecer hasta gracioso, pero este animal lento y desgarbado transporta un veneno 1.200 veces más potente que el cianuro. Cualquier predador que se acerque demasiado se está jugando la vida.

Características	ORDEN: *Tetradontiformes* / FAMILIA: *Tetradontidae* GÉNERO Y ESPECIE: *Varios*	
PESO	Hasta 6,5 kg	
LONGITUD	8-60 cm; excepcionalmente 90 cm	
MADUREZ SEXUAL	Varía según la especie	
ÉPOCA DE DESOVE	Varía según la región y la especie	
NÚMERO DE HUEVOS	Entre 200 y 300	
INTERVALO ENTRE NACIMIENTOS	Varios desoves al año	
DIETA	Corales, crustáceos y moluscos; alguna vez peces	
ESPERANZA DE VIDA	Desconocida	

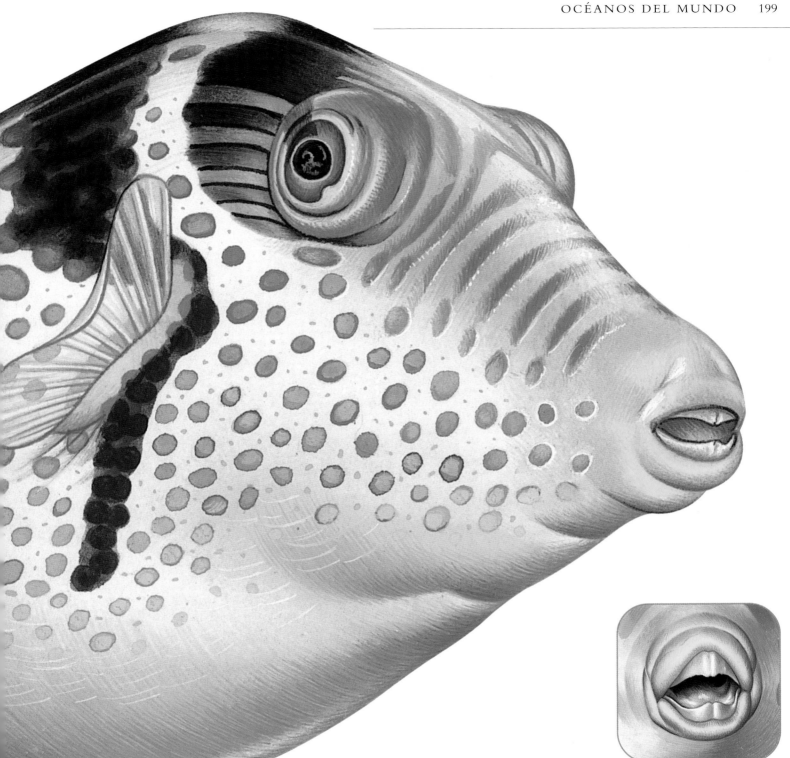

Cuerpo inflado

Algunas especies de pez globo alcanzan los 60 cm de longitud, pero si llenan su estómago de agua o de aire, pueden aumentar hasta hacerse 300 veces más grandes.

Dientes

Los dientes de un pez globo se unen para formar una abertura estrecha parecida a un pico. Lo utilizan para romper los caparazones de cangrejos y moluscos.

Hábitats del pez globo

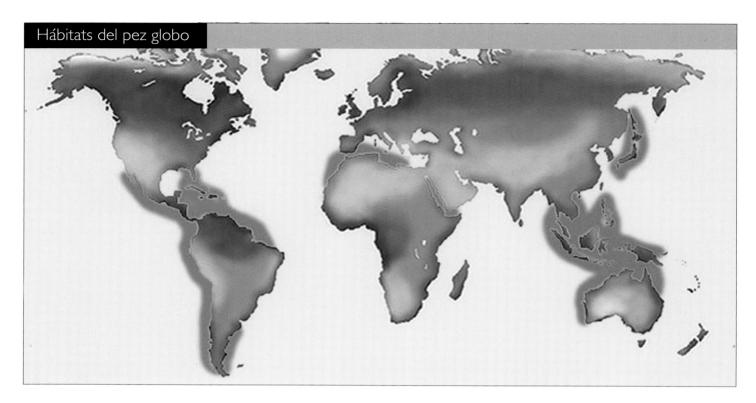

Se estima que existen unas 120 especies de pez globo. Viven en aguas tropicales, aunque unas cuantas especies de agua dulce se encuentran en África y Asia.

CENA PELIGROSA

Los comensales japoneses son famosos por su inclinación hacia los alimentos sofisticados, pero una delicia popular, el *fugu,* atrae únicamente a los más osados.

Fugu significa pez globo en japonés, y una comida con *fugu* es un acontecimiento rodeado de ceremonia. Antes de comer los comensales, el chef les presenta el pescado para que den su aprobación. A continuación, él o ella vuelve a la cocina para

prepararlo. En primer lugar se sirven las aletas en sake (vino de arroz) caliente. Después se quita la piel y se prepara con ensalada. Finalmente se filetea el pez (quitando los huesos) y se sirven a los comensales unas rodajas crudas, finas como obleas. El *fugu* tiene un sabor delicado y si se prepara correctamente, las toxinas naturales del cuerpo del pez ofrecen al comensal una sensación cálida, de hormigueo, que la mayoría de las personas describe como agradable. Sin embargo, si se prepara de modo incorrecto, el resultado puede ser mortal. Todos los chefs de *fugu* deben recibir una formación especial y realizar un examen escrito y práctico para conseguir la licencia. Aún después de ser un chef cualificado, la preparación requiere un

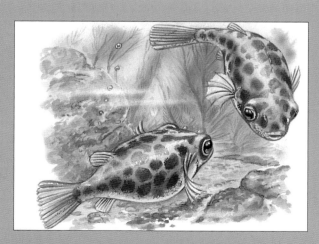

Dos peces globo machos se enfrentan por el territorio en el lecho marino rocoso.

Los dos despliegan una fina hilera de espinas que poseen en el lomo y una cresta en el vientre.

meticuloso proceso compuesto por muchos pasos. A pesar de estas rigurosas reglas, más de 100 personas resultan envenenadas al año por comer pez globo mal preparado. Tal vez no sorprenda entonces que la palabra *fugu* además de significar «hincharse», significa «¡Buena suerte!».

Comparaciones

El pez globo no es el único pez que utiliza una técnica de defensa tan ingeniosa. El pez erizo, que se encuentra en aguas templadas tropicales, especialmente en los arrecifes de coral, también puede inflar su cuerpo para disuadir a agresores potenciales.

Pez globo

Pez erizo

DEFENSAS MORTALES

En estado salvaje las toxinas del pez globo forman parte de su mecanismo de defensa. Todo el cuerpo del pez, especialmente el hígado, está impregnado de tetrodotoxina, el mismo tipo de veneno que emplea el pulpo de anillos azules. Los efectos se pueden sentir en 20 minutos y pueden ser mortales en menos de 6 horas. Los síntomas varían, pero empiezan con mareos y nauseas y, en casos extremos, la víctima puede quedar paralizada. Con frecuencia las víctimas de la tetrodotoxina son incapaces de moverse o responder a estímulos, pero ahora se sabe que pueden ver y oír todo con claridad. Se cree que en Haití los hechiceros utilizan un polvo hecho de espinas de pez globo para crear los llamados zombis (individuos que parecen estar muertos pero que posteriormente vuelven a la vida de forma milagrosa).

Sin embargo, la defensa más obvia depende de su habilidad para hincharse. Algunas especies miden 60 cm, pero al llenar su estómago de agua o aire el pez puede conseguir parecer mucho más grande. La parte inferior del cuerpo del pez globo está cubierta de espinas cargadas de veneno. Una vez inflado, saca estas espinas y se convierte en un terrible bocado para cualquier posible predador.

HÁBITOS POCO SOCIABLES

Las especies de peces globo varían en cuanto a tamaño, forma y coloración, desde el diminuto pez globo enano al gigante de agua dulce de África. Normalmente, un pez globo joven pasará más tiempo en aguas poco profundas, pero una vez que llega a la edad adulta, surge el instinto predatorio propio de este pez. Tal vez es más conocido por su capacidad de defensa, pero la mayoría de las especies son también muy agresivas.

El pez globo tiene una mandíbula robusta en forma de pico y dientes muy afilados. Los utiliza principalmente para desgarrar coral o para aplastar conchas de almejas o caparazones de cangrejos, que son las presas naturales del pez globo. No obstante, también lo puede utilizar para algo más sorprendente: este pico es tan fuerte que hay historias que hablan de peces globo que se inflan después de haber sido tragados por un predador y, una vez muerto el predador, ¡se han abierto camino comiendo para salir de su estómago!

El pez globo es una mascota popular, pero resulta difícil mantenerlo en cautividad ya que ataca a cualquier otro pez que se coloque junto a ellos en el acuario.

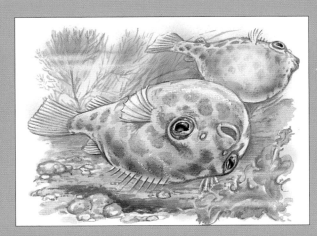

Para parecer tan grande e intimidatorio como sea posible, los peces inflan sus cuerpos y nadan cabeza abajo.

Normalmente gana el que realiza la demostración más impresionante, obligando a retirarse al perdedor.

Pulpo de anillos azules

Lo último que suele ver una víctima de este predador del Pacífico antes de quedar ciego y paralizado son hileras de anillos azules palpitando. Puede que un pulpo de anillos azules no sea más grande que el huevo de una gallina, pero lleva una de las toxinas más mortales conocidas por la ciencia. Un solo adulto posee veneno suficiente para matar a diez personas, y no hay antídoto conocido.

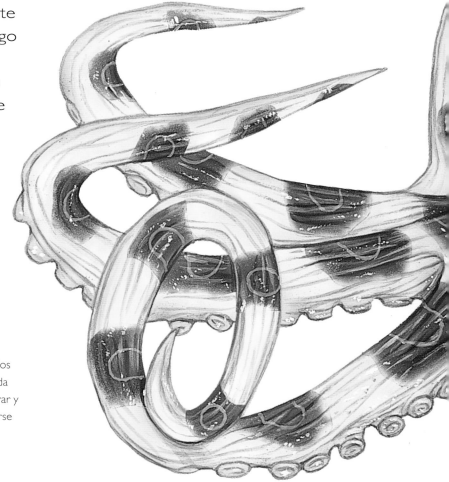

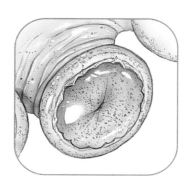

Ventosas

Como media, un pulpo de anillos azules tiene 40 ventosas en cada tentáculo, que utiliza para agarrar y sujetar a su presa y para moverse por el fondo marino.

Características

ORDEN: *Octopoda* / FAMILIA: *Octopodidae* / GÉNERO Y ESPECIE: *Hapalochlaena maculosa*

PESO	90 g
LONGITUD	
CUERPO	7,5 cm
TENTÁCULOS	11,5 cm
MADUREZ SEXUAL	A los 2 años
ÉPOCA DE APAREAMIENTO	Normalmente en primavera
NÚMERO DE HUEVOS	Variable, normalmente unas cuantas docenas
INTERVALO ENTRE CRÍAS	El macho muere poco después de aparearse; la hembra muere más o menos un mes después de producir los huevos
DIETA	Cangrejos y otros crustáceos
ESPERANZA DE VIDA	Probablemente 2 años

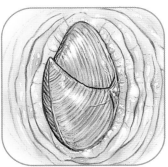

Boca

Dentro de la boca en forma de pico afilado y fuerte del pulpo hay una lengua áspera y dentada (llamada rádula) que utiliza para rascar y triturar la comida.

Coloración

En el mundo animal los colores intensos suelen avisar de un peligro. Los anillos azules de este pulpo son más visibles cuando está inquieto.

Comparaciones

El pulpo, el calamar y la sepia pertenecen a la clase animal llamada *Cephalopoda* y, como puede esperarse, comparten muchas características. Sin embargo, además de los ocho brazos habituales. el calamar y la sepia poseen dos tentáculos más que pueden disparar a la velocidad de un rayo para capturar a una presa. El nautilo, que tiene un caparazón externo duro y en forma de espiral, también tiene tentáculos: ¡90 en total!

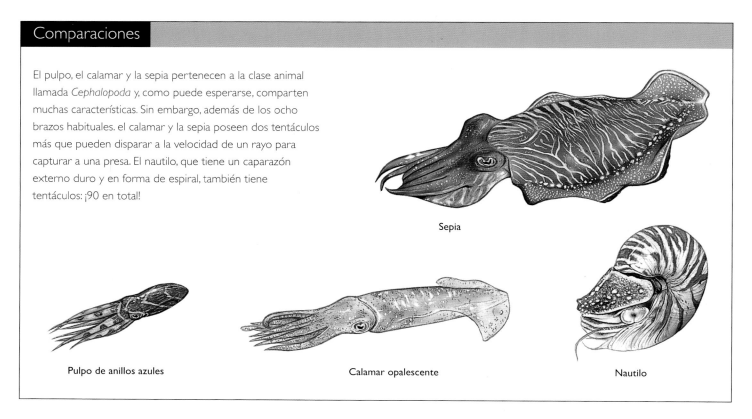

Sepia

Pulpo de anillos azules

Calamar opalescente

Nautilo

E l pulpo de anillos azules se encuentra normalmente en las aguas del litoral de Australia, Filipinas e Indonesia. Nadie sabe con seguridad cuántas especies existen; hasta el momento solo se han identificado tres: el pulpo mayor, el pulpo menor y el pulpo de líneas azules.

VISITANTES ALIENÍGENAS

De todos los animales que habitan en los océanos, el pulpo es el que más parece pertenecer a otro mundo. Se estima que hay un centenar de especies de esta insólita criatura, que en la mayoría de los casos crea sus hogares en la arena o en el lodo del lecho marino. Los pulpos pertenecen a un grupo de animales llamados moluscos. A diferencia de las ostras, que también son moluscos, los pulpos no tienen caparazón externo duro. De hecho sus cuerpos son lisos y no tienen espinas; por tanto, los órganos internos y el cerebro del pulpo tienen que protegerse mediante una lámina de piel musculosa llamada manto.

Al final del manto hay ocho tentáculos cubiertos de fuertes ventosas que se extienden hacia el exterior. Estos brazos son muy diestros y no solo los utilizan para atrapar presas e impulsarse por el lecho marino, sino también para realizar tareas complejas. En las pruebas realizadas los pulpos han demostrado que son extremadamente inteligentes y capaces de usar sus tentáculos con habilidad e ingenio.

Se cree que algunas especies de pulpo (como los grandes gigantes de las leyendas marineras) pueden llegar a alcanzar una enorme longitud, pero el más grande que se ha registrado es el pulpo gigante, que puede llegar a medir 6 m de tentáculo a tentáculo. El pulpo menor es uno de los más

pequeños, pero no os engañéis: este diminuto terror con tentáculos también golpea fuerte.

AZUL POR EL PELIGRO

Cada año docenas de personas de las costas de Australia son envenenadas por el pulpo menor. Este pequeño asesino marino de color marrón grisáceo puede parecer inofensivo, pero solo con poner un pie en el agua donde haya habido uno recientemente puede causar entumecimiento y hormigueo. Y un mordisco de este pulpo puede causar la muerte en cuestión de minutos.

Como todos los pulpos, el de anillos azules tiene un pico afilado en la cabeza. El veneno se produce en unas glándulas que están situadas justo detrás del cerebro. Una de esas

Hábitats del pulpo de anillos azules

glándulas lleva toxinas que parecen estar destinadas específicamente a usarlas contra las presas, mientras que las otras (las que matan a un hombre) se pueden utilizar para defenderse de predadores. El problema para los humanos que han sido mordidos por ellos es que, a menos que vean los anillos azules con los que avisa el pulpo, que vibran inquietos cuando se acerca algún predador, a menudo no saben exactamente qué es lo que les ha tocado. La herida del mordisco puede ser tan pequeña que la mayoría de las personas no siente nada hasta que la toxina, llamada tetrodotoxina, empieza a producir su efecto. Los síntomas comienzan con náuseas y mareos. Después de unos minutos la víctima que paralizada y no puede respirar. La única forma de sobrevivir a la mordedura de un pulpo de anillos azules en esta fase es realizar la respiración artificial, hasta que el veneno recorre todo el cuerpo. Esto puede tardar varias horas.

ABRAZO MORTAL

En su entorno en el océano, el pulpo de anillos azules es un cazador rápido y ágil cuya toxina mortal es tan efectiva contra una presa como contra un humano.

Su comida preferida es el cangrejo. El pulpo se abalanza con rapidez cuando uno se acerca demasiado. Envolviendo a la víctima con sus poderosos tentáculos para inmovilizarla, el pulpo utiliza su pico afilado para atravesar el caparazón del cangrejo y después inyecta la toxina directamente en la cavidad del cuerpo. En solo unos segundos la toxina paraliza a la víctima. Esto mantiene a salvo al pulpo de cualquier posible herida que pudiera causarle la única defensa que tiene el cangrejo: las pinzas. Luego el pulpo devora rápidamente a su presa. Utilizando su pico para romper y abrir el caparazón externo del cangrejo, succiona la carne blanda del animal y deja únicamente el caparazón vacío. Es una técnica eficaz, aunque espeluznante.

El pulpo calcula mediante el tacto el tamaño del cangrejo que pasa, para ello utiliza un tentáculo que mide discretamente a la víctima potencial.

Cuando se convence de que puede doblegar al cangrejo, el pulpo arremete contra su presa y la agarra fuertemente por el caparazón.

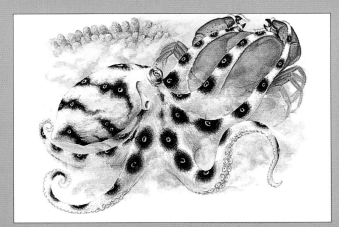

Sujeta rápidamente las pinzas del cangrejo para evitar un contraataque. El pulpo arrastra a su víctima para acercarla y darle el golpe mortal.

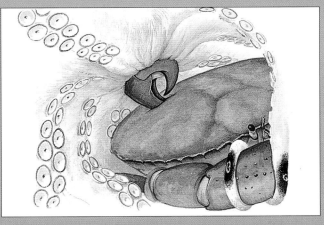

El pico del pulpo es lo bastante fuerte como para agujerear el caparazón del cangrejo. Después inyecta saliva que mata a la presa y licúa su carne.

Raya látigo

Si la orca es «el lobo del mar» y la serpiente marina es su cobra, la raya látigo es el equivalente marino del escorpión. Cuando vives en la selva oceánica, la ofensiva es con frecuencia la mejor estrategia de defensa; en el caso de la raya esto ha supuesto tener una cola llena de veneno que provoca dolor.

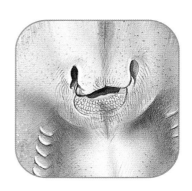

Boca

Las rayas látigo pasan mucho tiempo peinando el suelo oceánico en busca de comida. Algunas rayas látigo tienen la boca en el estómago y se tragan almejas y cangrejos pequeños enteros para escupir después ¡solo el caparazón!

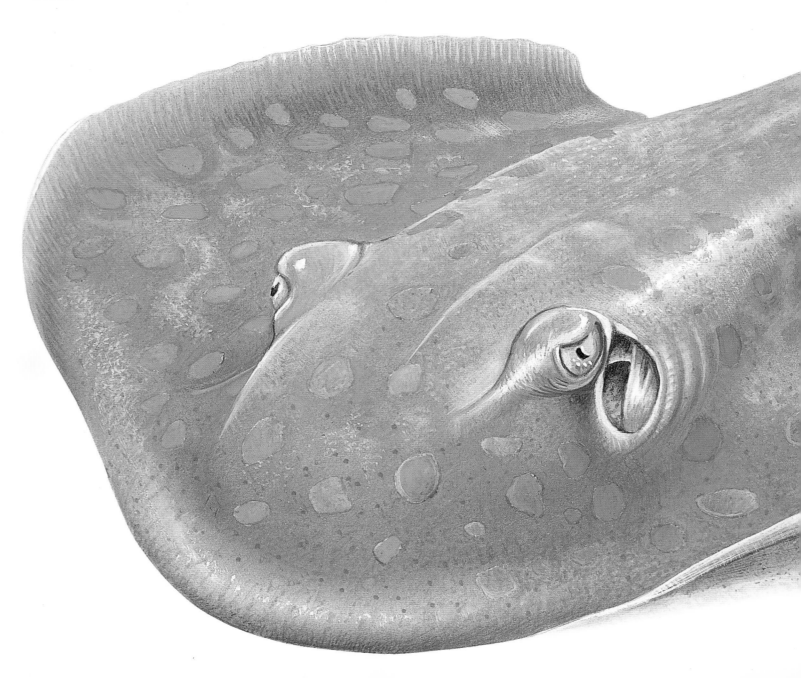

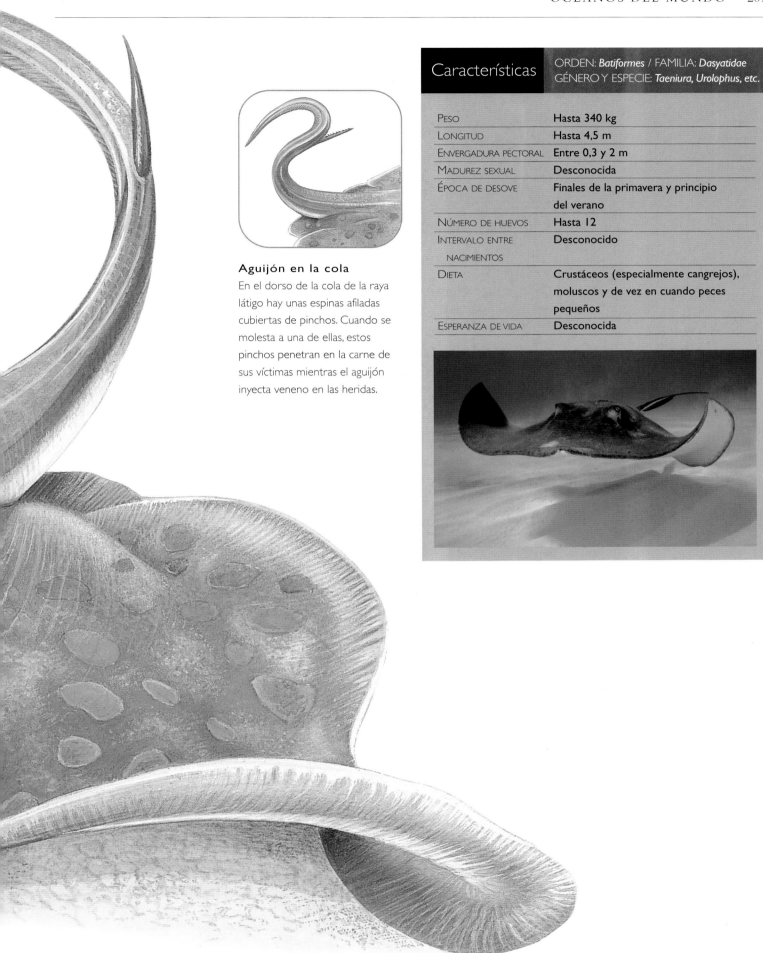

Aguijón en la cola

En el dorso de la cola de la raya látigo hay unas espinas afiladas cubiertas de pinchos. Cuando se molesta a una de ellas, estos pinchos penetran en la carne de sus víctimas mientras el aguijón inyecta veneno en las heridas.

Características	ORDEN: *Batiformes* / FAMILIA: *Dasyatidae* GÉNERO Y ESPECIE: *Taeniura, Urolophus, etc.*
PESO	Hasta 340 kg
LONGITUD	Hasta 4,5 m
ENVERGADURA PECTORAL	Entre 0,3 y 2 m
MADUREZ SEXUAL	Desconocida
ÉPOCA DE DESOVE	Finales de la primavera y principio del verano
NÚMERO DE HUEVOS	Hasta 12
INTERVALO ENTRE NACIMIENTOS	Desconocido
DIETA	Crustáceos (especialmente cangrejos), moluscos y de vez en cuando peces pequeños
ESPERANZA DE VIDA	Desconocida

Comparaciones

Por lo general las rayas tienen el cuerpo ancho y plano, parecido a una galleta, y la cola es larga y flexible. Se estima que este diseño sencillo y exitoso ha sido adoptado por unas 100 especies, la mayoría de las cuales viven en aguas tropicales templadas. Las rayas comen en el fondo del mar y por lo general tienen tonos amarillos y marrones, lo cual les ayuda a confundirse con el fondo marino. Todas las rayas llevan veneno pero algunas, como la raya de manchas azules, prefieren advertir que lo tienen con una coloración llamativa.

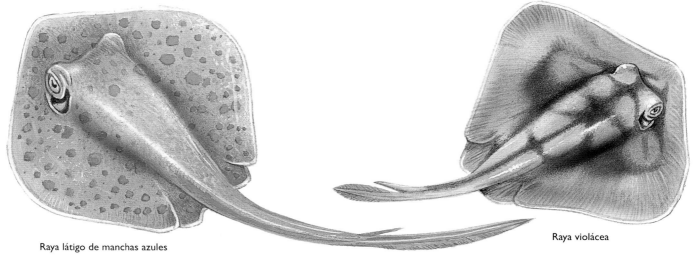

Raya látigo de manchas azules

Raya violácea

Las rayas pertenecen a la misma clase de animales que los tiburones y las mantas, y comparten muchas de sus características, como la de parir crías vivas. Al igual que los tiburones y las mantas, las rayas son especies muy antiguas y exitosas. Se han adaptado tan bien al mundo que les rodea que, aunque viven en aguas templadas, algunas de ellas, como la raya hocicona, puede incluso tolerar el agua dulce de estuarios y ríos.

¡QUÉ FAMILIA TAN IMPACTANTE!

Es posible que haya hasta 600 especies de rayas, pero no todas tienen aguijón. Algunas, como la bonita raya manta, que es la más grande, es relativamente inofensiva. Este gigante elegante y discreto se desliza por el océano con sus «alas» de 4,5 m (en realidad son aletas alargadas) y se alimenta de plancton y pequeños invertebrados. Otras rayas, como la raya eléctrica, son, como indica su nombre, capaces de producir una potente sacudida eléctrica. Es un modo eficaz de avisar a los predadores para que se alejen. Pero no es su función primordial. Las rayas eléctricas tienen la boca pequeña, lo cual dificulta que puedan atrapar el alimento. Pero con unos órganos especializados situados justo detrás de la cabeza, una raya eléctrica puede generar una carga de entre 14 y 37 voltios, lo bastante fuerte como para neutralizar a una presa. De hecho, se sabe que ha dejado sin sentido a un hombre adulto.

LÁTIGO

Se estima que unas 100 especies de rayas son rayas látigo. Los miembros de esta antigua familia de peces poseen su propio método de defensa. La raya látigo es un pez plano con el cuerpo aplastado y una cola larga y delgada. En la punta de esta cola puede haber una o más espinas afiladas que están cubiertas de pinchos. En la base de esas espinas se encuentran las glándulas del veneno. Cuando se molesta o amenaza a una raya látigo, dan latigazos con la cola a una velocidad increíble. La raya clava la cola en su víctima y los pinchos producen laceraciones profundas e irregulares en las cuales inyecta el veneno. Al igual que el veneno del escorpión, el aguijón de la raya contiene elementos

Hábitats de la raya látigo

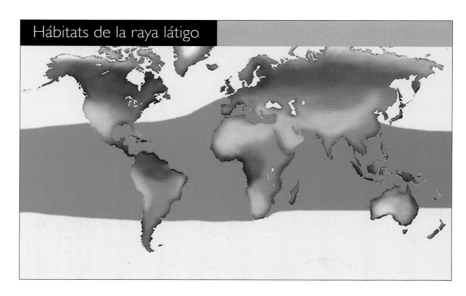

químicos destinados especialmente a causar dolor y disuadir a cualquier atacante potencial. Esta toxina es muy potente: si los humanos tienen la mala suerte de que les pique una, pueden sufrir fuertes calambres, vómitos y, excepcionalmente, la muerte. Todo esto demuestra una vez más que los animales peligrosos no tienen que ir armados de dientes afilados, garras o poseer un apetito voraz.

VISITA AL SALÓN DE BELLEZA

Cazar es un pasatiempo para la raya látigo. La mayoría de estas especies comen en el fondo del mar y se han especializado en comer moluscos, crustáceos, gusanos y peces pequeños del suelo oceánico. El color arena de la raya le proporciona un buen camuflaje. Este paciente predador es capaz de permanecer escondido bajo el sedimento hasta que se acerca su comida. Se esconde sacudiendo arena o barro sobre su cuerpo con las aletas pectorales y lo hace hasta que solo quedan visibles los ojos, los orificios y la cola, y únicamente lo hace para observar a su presa o posibles predadores. En realidad algunas rayas látigo tienen la boca en el estómago, y se traga almejas y cangrejos pequeños enteros para escupir después ¡solo el caparazón!

Sin embargo, no todos los peces pequeños forman parte de su menú. Las rayas látigo dejan que el lábrido español y el lábrido de cabeza azul limpien su piel. Estas «estaciones de lavado» son visitadas con regularidad por algunos de los cazadores más temibles del océano, entre ellos los tiburones tigre y los tiburones blancos. Al comerse las garrapatas y los ácaros, estos pequeños peces proporcionan un servicio tan importante que se suspenden todas las hostilidades. Estos peces limpiadores trabajan incluso alrededor de la boca de algunos de los grandes carnívoros sin miedo a que se los coman. Para ambas partes es una situación en la que los dos salen ganando. Los limpiadores consiguen comer gratis y las rayas no solo quedan liberadas de los irritantes parásitos de la piel, sino que también reciben ¡un relajante masaje!

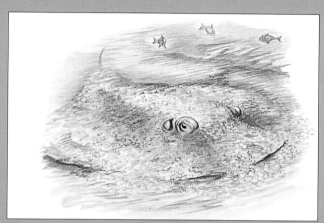

La raya látigo tiene una habilidad innata para esconderse. Además de su forma plana y su dibujo para camuflarse, también sacude arena sobre sí misma para confundirse con el fondo marino.

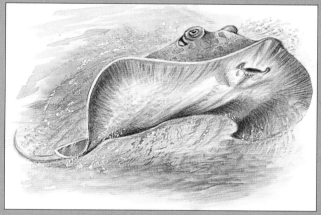

La raya látigo se propulsa al batir sus aletas pectorales, lo que facilita que se deslice con mucha elegancia por el agua de las profundidades marinas.

La raya látigo atrapa un crustáceo batiendo sus «alas» y lanzando agua por su boca para quitar la concha protectora.

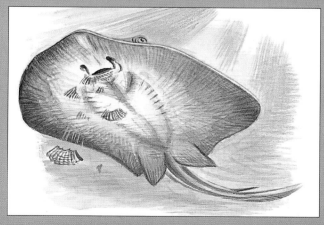

Las mandíbulas de la raya aplastan el crustáceo. La raya escupe el caparazón incomestible y se traga la carne nutritiva.

Serpiente marina

Entre todas las formas de vida extrañas y hermosas que viven en el entorno equivalente al bosque en el océano (arrecifes de coral), se encuentra un visitante inesperado. Como sus parientes de tierra, esta serpiente fibrosa es una asesina competente, dispuesta a usar su carga letal de veneno en cualquier presa confiada.

Características	ORDEN: *Squimata* / FAMILIA: *Elapidae*
	GÉNERO Y ESPECIE: *Hydrophiinae, Laticaudinae*

PESO	1,5-2 kg
LONGITUD	Hasta 2 m
MADUREZ SEXUAL	Entre los 2 y 3 años
ÉPOCA DE CRÍA	Todo el año
PERIODO DE GESTACIÓN	Entre 150 y 180 días (*Hydrophiinae* solamente)
NÚMERO DE CRÍAS	5 a 10 (*Laticaudinae* solamente)
PERIODO DE INCUBACIÓN	Desconocido
INTERVALO ENTRE NACIMIENTOS	Desconocido
DIETA	Peces sobre todo; algunas especies comen huevos de peces
ESPERANZA DE VIDA	Hasta 20 años

Fosas nasales

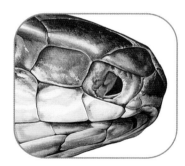

Cuando la serpiente marina necesita respirar, las fosas nasales situadas en la parte superior de la cabeza se lo permiten simplemente con rozar la superficie del agua. Esto es más seguro que sacar la cabeza por completo.

Dientes y veneno

Los dientes más bien pequeños de la serpiente marina se utilizan para liberar una dosis de veneno en su víctima. El veneno de esta serpiente es uno de los más tóxicos, ya que no puede permitirse dejar que se aleje su presa arrastrándose y que muera en algún lugar fuera de su alcance.

Hábitats de la serpiente marina

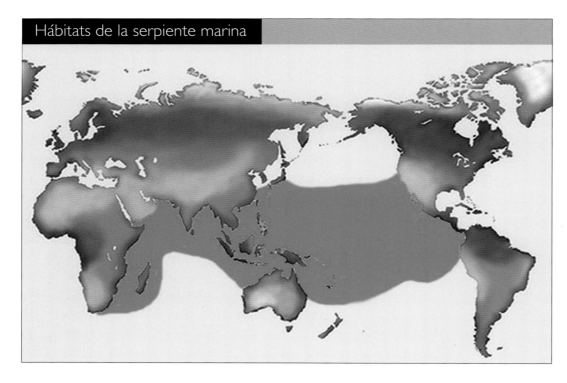

oxígeno del agua. Al igual que las que habitan en tierra, las serpientes tienen pulmones, o mejor dicho un gran pulmón que se extiende por toda la longitud de su cuerpo y se dobla por la mitad como una vejiga natatoria para mantener a flote a la serpiente. La razón por la que estas serpientes son capaces de permanecer sumergidas durante tanto tiempo se debe a su metabolismo, relativamente lento, y a su piel. En algunas especies esta piel se ha adaptado para absorber oxígeno del agua y aumentar el tiempo de inmersión.

Hay unas 50 especies de serpiente marina, aunque los zoólogos todavía tienen opiniones contrapuestas sobre si las kraits marinas deberían considerarse serpientes marinas.

SOLO UNA GRAN INSPIRACIÓN...

Tal vez la característica más sorprendente de la serpiente marina es que es un reptil que respira aire. Esta asombrosa serpiente se puede encontrar en todas las aguas tropicales de los océanos Índico y Pacífico, aunque se acomoda en los arrecifes cercanos a la costa cuando no está nadando. Puede cazar durante una hora bajo las olas y sumergirse a 90 m en busca de alimento. Incluso puede dormir bajo el agua. No obstante, este reptil que vaga por el océano no es un habitante natural del medio marino. Por ejemplo, la serpiente no tiene branquias, los órganos que utilizan los peces para respirar. Cuando nadan, el agua entra en la boca del pez y sale por las branquias donde unos filamentos especializados extraen el

MÁS QUE FUERTE

Con solo ver los vivos dibujos en el cuerpo de la serpiente marina ya disponemos de una indicación de que este animal es peligroso. En realidad el veneno de esta serpiente es uno de los venenos de serpiente más tóxicos que se conocen; y debe ser así. En el océano la serpiente no puede esperar a que su presa se aleje arrastrándose hasta que muera, ya que se la llevaría la corriente. Su veneno tiene que ser lo bastante potente para tener efecto de inmediato.

La comida preferida de la serpiente marina son los peces y las anguilas. La mayoría de las serpientes marinas «auténticas» se pueden hallar merodeando por los arrecifes de coral, donde sus víctimas se ocultan en agujeros y grietas. Por suerte las serpientes no son agresivas por naturaleza pero pueden, y lo harán, morder a humanos si las provocan. La mordedura es tan poderosa que resulta mortal.

Comparaciones

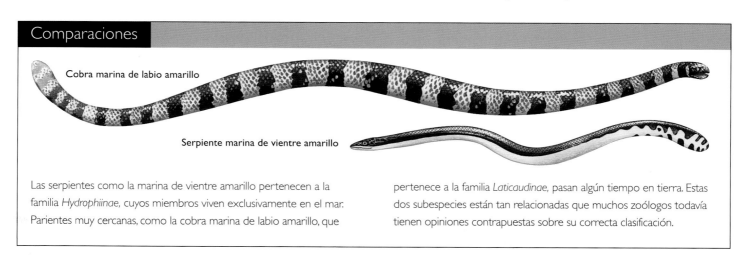

Cobra marina de labio amarillo

Serpiente marina de vientre amarillo

Las serpientes como la marina de vientre amarillo pertenecen a la familia *Hydrophiinae*, cuyos miembros viven exclusivamente en el mar. Parientes muy cercanas, como la cobra marina de labio amarillo, que pertenece a la familia *Laticaudinae*, pasan algún tiempo en tierra. Estas dos subespecies están tan relacionadas que muchos zoólogos todavía tienen opiniones contrapuestas sobre su correcta clasificación.

¿UN CAMBIO PARA MEJOR?

Se cree que, en un pasado remoto, los antepasados de los animales que hoy se encuentran en tierra vivían en los océanos. La transición desde el mar duró milenios, pero probablemente empezaría de un modo sencillo. Un grupo de peces empezaron a cazar más cerca de la costa, donde se conseguían botines con mayor facilidad. Con el tiempo estos peces, que eran más capaces de tolerar las aguas poco profundas, fueron teniendo más éxito. Tenían más comida y, por tanto, producían más descendencia y esta a su vez heredaba de sus padres estas características de supervivencia.

En la actualidad hay muchos animales curiosos en el mundo que parece que aún se encuentran en plena transición. El pez gato, por ejemplo, puede vivir durante días en tierra firme y es capaz de «andar» (en realidad arrastrando los pies) de una fuente de agua a otra. La ardilla voladora es otro animal que parece indeciso sobre su verdadera vocación. Habitante de tierra nato, puede planear muy bien de árbol en árbol utilizando unos pliegues de piel que se extienden entre los brazos y las patas como si fueran alas de verdad. De igual modo, la serpiente marina parece estar en el proceso de regresar a los océanos de los cuales partieron arrastrándose sus antepasados. Flexionando sus músculos, las serpientes terrestres producen una serie de ondulaciones que las impulsan hacia delante. El cuerpo de una serpiente marina es más plano y tiene una cola parecida a un remo. Es ideal para nadar pero hace que la serpiente no se pueda mover en tierra. No obstante, algunas subespecies como la krait marina rayada, todavía necesitan salir a tierra firme para aparearse y poner los huevos.

Antes de empezar a descender al arrecife de coral para cazar su comida, la serpiente inspira aire profundamente para resistir en las profundidades.

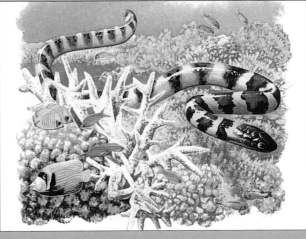

La mayoría de los peces que nadan alrededor del coral son pequeños y lentos, y por tanto son presas ideales para la serpiente marina.

Un pez ángel que pasa por allí se convierte en la víctima de la serpiente. Se encuentra indefenso frente a los dientes afilados y el veneno mortal.

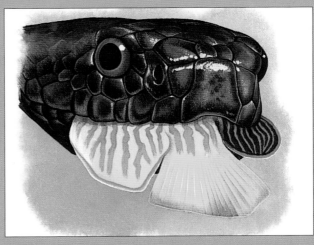

El impotente pez ángel queda paralizado rápidamente y la serpiente se lo traga entero de manera prácticamene inmediata.

Tiburón blanco

El tiburón blanco se encuentra entre los predadores de mayor tamaño del océano. Liso y brillante, bello y mortífero, este espléndido cazador ha despertado la imaginación de los narradores durante siglos.

Dientes

El tiburón blanco tiene dos filas de dientes. Si es necesario, pueden crecer dientes nuevos para sustituir a los viejos y desgastados cada dos semanas.

Un mordisco mayor

Cuando un tiburón se acerca a su presa, levanta el hocico. Esto obliga a que la mandíbula inferior se alinee con la superior dando como resultado una mayor capacidad de mordedura.

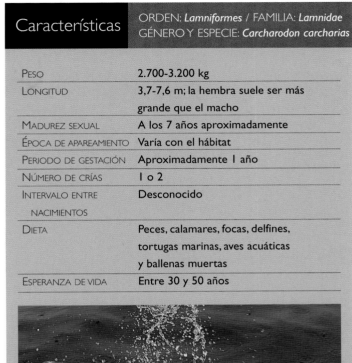

Características	ORDEN: *Lamniformes* / FAMILIA: *Lamnidae* GÉNERO Y ESPECIE: *Carcharodon carcharias*
PESO	2.700-3.200 kg
LONGITUD	3,7-7,6 m; la hembra suele ser más grande que el macho
MADUREZ SEXUAL	A los 7 años aproximadamente
ÉPOCA DE APAREAMIENTO	Varía con el hábitat
PERIODO DE GESTACIÓN	Aproximadamente 1 año
NÚMERO DE CRÍAS	1 o 2
INTERVALO ENTRE NACIMIENTOS	Desconocido
DIETA	Peces, calamares, focas, delfines, tortugas marinas, aves acuáticas y ballenas muertas
ESPERANZA DE VIDA	Entre 30 y 50 años

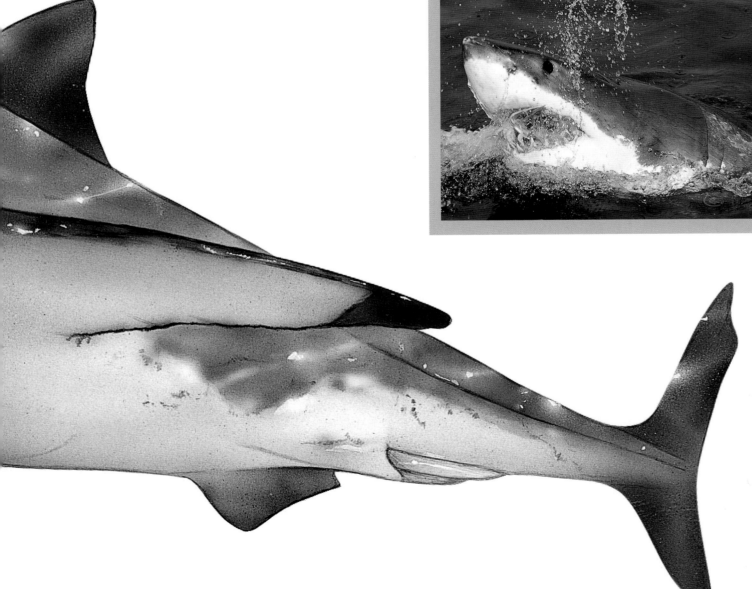

Hábitats del tiburón

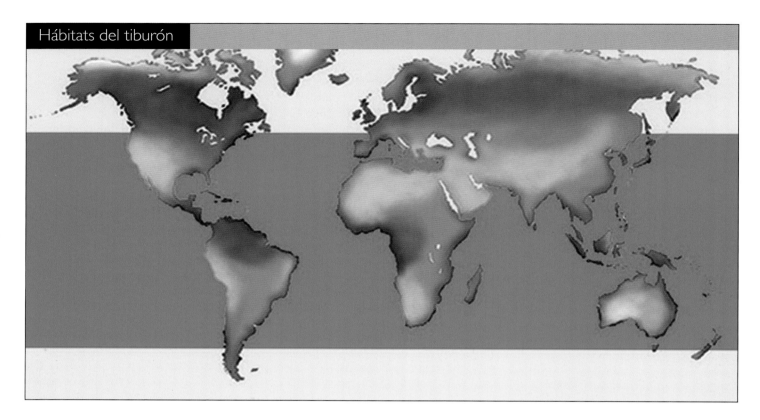

El tiburón blanco se encuentra en todas las aguas templadas, especialmente en los océanos profundos que rodean las costas de Australia y el nordeste de América. Como las focas se encuentran entre sus comidas preferidas, también se suelen congregar cerca de los territorios de cría de estos animales, como ocurre en Shark Alley, situado entre la isla de Dyer y Gyser Rock, en la costa de la provincia sudafricana de Cabo Occidental. Aquí no solo se han visto tiburones blancos atacando a focas, sino saltando fuera del agua para capturar aves marinas en una increíble demostración de acrobacia.

UNA MÁQUINA DE MATAR

El tiburón blanco está diseñado tanto para ser veloz como para atacar. Su cuerpo, cuyo lomo es gris, tiene el aspecto de un torpedo, mientras que la cola, en forma de media luna, le ayuda a propulsarse en el agua a una velocidad increíble. La primera aleta dorsal, que es la que se suele ver por encima del nivel del agua, y las aletas pélvica y pectoral le ayudan a mantenerse estable y maniobrar. Sus dientes triangulares, con bordes dentados como los de una sierra, le permiten desgarrar la carne y el hueso. Estas armas ofensivas son tan importantes para el tiburón que, si uno se rompe, puede nacer otro que lo reemplace en cuestión de días. Como todos los tiburones, el gran blanco posee sentidos muy desarrollados; se cree que hasta es capaz de «oler» los campos eléctricos que despiden otros peces. Empleando unos poros especialmente adaptados que tiene en su cabeza (llamados ampollas de Lorenzini), sensibles a los campos eléctricos, el tiburón blanco localiza a su presa incluso en las aguas más oscuras.

Sin embargo, esta criatura tan especializada también tiene sus fallos. La mayoría de los peces respiran bombeando agua rica en oxígeno sobre las branquias. Algunos tiburones no pueden hacer esto y tienen que forzar que el agua entre por las branquias moviéndose constantemente. ¡Si dejan de moverse se ahogan!

LUCHA POR LA SUPERVIVENCIA

Para el tiburón blanco, al igual que para otros tiburones de aguas profundas, la lucha por la supervivencia empieza incluso antes de nacer. Durante el apareamiento, el macho

Comparaciones

El que hace empequeñecer al tiburón blanco es el enorme tiburón ballena (nombre muy acertado). Aunque parece temible, este miembro de la familia *Lamnidae* es en realidad un gigante amable. Como muchas ballenas auténticas, se alimenta de plancton, diminutos organismos parecidos a plantas que comen filtrándolos a través de sus dientes laminados.

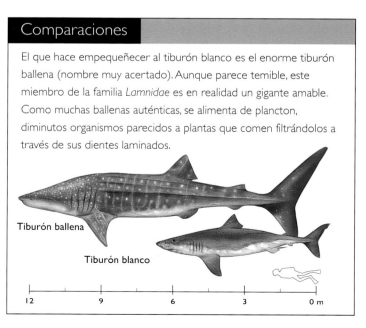

Tiburón ballena

Tiburón blanco

12   9   6   3   0 m

usa dos órganos llamados pterigopodios para liberar el esperma dentro de la hembra y fertilizar los huevos. Estos huevos eclosionan en el interior de la hembra y los tiburones inmaduros comienzan a luchar de inmediato, e incluso se comen unos a otros. Poco se sabe sobre los primeros años de la mayoría de especies de tiburón, pero se ha podido registrar esta práctica en el tiburón tigre y el azul, y es probable que sea cierto para todos los tiburones que paren crías vivas. Esta sombría práctica se llama canibalismo uterino. Cuando nacen las crías supervivientes, en camadas de 7-9, es posible que solo midan de 1,2 a 1,5 m, pero ya son unos asesinos entrenados.

CAZADOR Y CAZADO

Tiburones y rayas forman parte de un antiguo grupo de peces que han vivido en los océanos de la Tierra durante casi 400 millones de años. A lo largo de este tiempo, especies como la del tiburón blanco se han convertido en predadores tan eficaces que ahora se hallan en lo más alto de la cadena alimentaria de los océanos. En el agua, el único animal que puede competir por la comida con los grandes tiburones predatorios es la orca gigante.

Con sus enormes mandíbulas, un mordisco de un tiburón blanco puede causar una herida de 28 cm por 33 cm, que es suficiente para matar. No sorprende, por tanto, que se haya ganado su terrible reputación. No obstante, según estudios realizados, el tiburón blanco ha sido responsable de 61 muertes humanas en los últimos 100 años, lo cual le hace menos peligroso que el perro doméstico. En la mayoría de los casos registrados sobre ataques a personas, el tiburón blanco parece haber sido más curioso que agresivo y a menudo se ha alejado después de haber probado una «muestra». La verdad es que el tiburón blanco debería temernos más a los humanos que nosotros a él, ya que en la actualidad se encuentra en la lista de especies en peligro de extinción en Sudáfrica y está protegido en la costa de Florida.

Utilizando su impresionante conjunto de sentidos, el tiburón blanco detecta a un delfín que va nadando tranquilamente por el océano.

Después de rastrear el olor en el agua, el tiburón ataca a una velocidad excepcional. En el último momento abre la boca y vuelve los ojos.

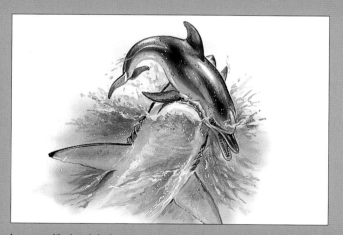

Las mandíbulas del tiburón se cierran apresando a la víctima mientras agita con fuerza la cola. De este modo, la cabeza se mueve de lado a lado y los dientes afilados atraviesan la carne.

El tiburón se retira a corta distancia y espera a que muera su víctima como consecuencia del golpe y la pérdida de sangre. Pronto regresará al animal muerto para devorarlo.

Índice